我的神鬼人生

在深夜的山谷裡，遇見一位博物學家

李家維・廖宏霖 著

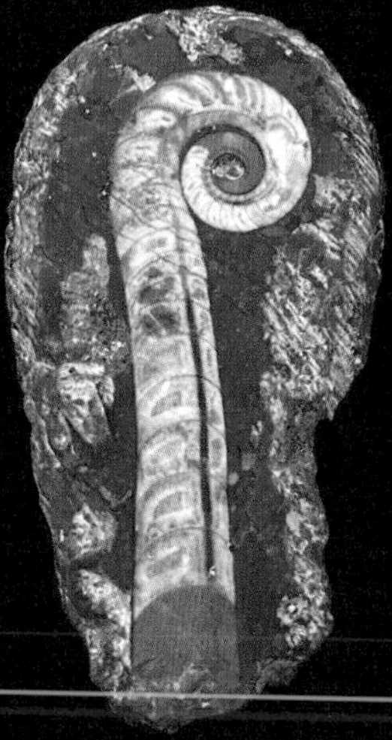

我喜歡把自己融入正在觀察的對象裡，
所以看著一顆種子發芽，很能感同身受，
我感覺自己的腳上好像開始長出根毛，
我的皮膚就像根毛的表皮一樣，
水和礦物質滲進來，在維管束裡流動。
我不知道這是感覺，還是想像？
是不是我的血液裡頭，也有這樣子湧動的情況？
看著葉子，從子葉這樣張開的時候，
有時候我會把兩隻手一伸，好像自己也撐開來了。
看著種子萌芽而有這樣的感受，
這種經驗幾乎每天都放在不同的觀察對象上。
在書裡，我自己變成了觀察的對象，
在某些特定的環境裡，經歷某些特定的情境。
閱讀這些細節時，我心裡無比開心。

————李家維

在時間的縫隙中，既旁觀又主觀地，

重新回到那些曾經真正活過的魔幻時刻。

出版緣起

不可能有這樣的人生吧！

王榮文
遠流出版公司董事長

一九九一年四月二十八日，楊信男教授帶我去清華大學見他的老師楊振寧院士，巧遇陳省身夫婦和袁旂，留下一批珍貴照片。合照中李家維在，應該是我們人生中第一次相遇。

一九九八年二月五日，《聯合報》記者李彥甫刊出一篇報導，李家維和陳均遠合作發現五億八千萬年前的動物胚胎化石，將生命起源推前四千萬年，論文將發表於《科學》（*Science*）期刊。此一轟動精彩的報導，引起我對他真正好奇。

之後不久，我到清大找王秋桂教授打乒乓球，順便問他跟家維熟嗎？就這樣我走進家維的研究室。我們一見如故，滿佈書架的螃蟹殼更添親切。原來他從小就對頂著屋殼的海邊生物著迷，而我嗜吃螃蟹。

雖然欣賞他，但真正認識他、喜歡他，卻是後來一起工作以後的事。

二〇〇二年遠流創辦《科學人》（*Scientific American*）雜誌，我邀請李家維擔任總編輯。他跟我約法三章：一個月只開一次會，不處理日常瑣事，但為雜誌他樂意拿起電話訪問各地學者。不領薪水，但可以接受交通費、稿費。就這樣，我們信守約定，展開迄今二十餘年的公誼私交。

二十年間，每個月至少見面一次。共同的目標是推動科教、推廣科普。創辦《科學人》雜誌對遠流的意義是向綜合性出版社邁前一

由左至右：袁旂、陳省身、王榮文、陳夫人、楊振寧、楊信男和李家維。（陳芳蓉攝）

步，但我真正的感受是：科學真不簡單。沒有下足功夫，沒有背景知識，即使聽到看到都是認識的中文字，但要真正理解它並不簡單。不過，用科學史的角度去感受天文物理學家、化學家、生物學家……的時間與空間尺度，需要想像力，也蠻具探索趣味的。總之，辦《科學人》雜誌，我跟著編輯部學習，儘管成長有限，卻也樂在其中。

李家維讓我感動的是，他很敬重《科學人》總編輯的名銜。在他的生平簡歷上，我屢次看到它被擺在重要位置。以我對大部分教授的認知，這並不簡單，畢竟雜誌社是營利事業單位，理想再高，大部分教授會選擇避嫌。

但真正讓我羨慕李家維的，卻是他結合興趣、能力、財力、人格特質所經營出來的人生，以及因之得到的自娛利他豐富多彩的生活。

他是教授，是博物館館長，是研究型收藏家。他不是書呆子，不做自了漢。關心世界萬事萬物，也有能力愛萬事萬物。他是博物學家。

這位學術圈缺貨的博物學家，胸懷大志卻知量力而為，能結交三教九流朋友，不忘保持心靈自由。他天生好奇，求知窮追不捨也不乏洞見。他既浪漫又能精算，講究效率又有從容，他站出來常是一副好整以暇的神情。

他完全有條件做生意賺大錢，但他選擇只當教授，他相信知識的力量。「辜嚴倬雲植物保種中心」的規劃與創辦，最能表達他的能耐。他說服辜成允先生在未來的氣候變遷中，台灣人可以為世界做保種貢獻。就這樣，他擔任執行長，和台泥集團長期合作這個非營利事業，很快贏得全世界植物園、學術圈和永續領域的關注。他視辜成允為合夥人，一個出錢一個出力，彼此平起平坐，互相成就。

以知識理念向企業家募款，能不卑不亢、能態度從容、能設身處地、能完成使命，最終又能變成好友，實不多見。

他對朋友誠實坦率，但也常有細膩聰慧之舉。有一年金庸訪台，我在新生南路真的好海鮮餐廳設宴，家維受邀。出場時他端上桌十二朵剛採摘來的各種茶花，包括「抓破美人臉」。可以想見當晚談話焦點是《天龍八部》、曼陀山莊、大理茶花。家維也趁機賣弄茶花知識，唬得金大俠虛心請教。如此，金庸豈能不記住他？

他也有俏皮的一面。某次我陪金庸的劍橋大學老師麥大維（David McMullen）和李豐楙院士，到南庄看他的神佛收藏。彼時家維從收集流浪神像到神佛自動來歸，應已有五、六百尊各據一方。但道士院士不能忍受家維不按神位排列，動員博士學生幫他一一封神歸位。可惜幾個月後，家維故態復萌，神佛分類復歸博物學家方式。

他收藏植物、動物、礦物、神物、古董、字畫、陶瓷。每收藏一樣，就費心研究，與人分享。南庄玻璃屋是他們夫婦的沙龍空間、會客室、表演場，每個週末都有來自各方的奇能異士相互切磋。我在台北華山創意江湖要做的也不過如此。

他真心愛植物、動物、礦物、神物，相信眾生平等。也真的百無禁忌，即使聽聞不少怪奇神跡，遭遇意外獲救，都能一本初心、不惹塵埃，無礙科學家本色。

閱讀他的生命故事，可以充滿趣味和啟發。同事問我為什麼要爭取出版這樣的書？我說，我就是喜歡他！我羨慕他的人生！一般人，不可能有這樣的人生吧！

目錄

出版緣起　不可能有這樣的人生吧！／王榮文　5

第一章　那一夜，我墜落山谷……　15
這具陌生的身體／墳墓旁的削瘦臉孔／多出來的東西
深谷裡的夢／巨大的顯微鏡／未知與已知
一道做不對的證明題

第二章　銀白色的光芒　47
「斷尾求生」的故事／一位閱讀凱因斯的父親
沒有圖的圖鑑／亞歷山大椰子的果實
再度敲開機遇之門／找到一株美麗的「胡蝶蘭」

第三章　敲不完的門與生命的時差　77
成功嶺上的生物課／生命的時差／與偉大頭腦的連結
跳著舞的矽藻／我也曾列在那份「黑名單」上
好像我就是那盆營火／七顆烏鴉眼也看不見的事

第四章　你怎麼精準的飛到該去的地方呢？　109
餘裕時代的起點／宇宙中最小的一艘太空船
地球生物內的超順磁鐵／一座真正的科學博物館
大爆發的不只寒武紀／化石歷險記
發現人類最早的祖先？／學術研究如商業競逐
無能判讀的「訊息」

第五章　科學，才沒有那麼簡單！ 159
未知與已知交織而成的星圖／我們擁有的是同一片天空
紫根屏東的植物保種基地／能解決的，就不是困難了
天分與天分以外的／當一個「科學人」
把最好的給最需要的／像牆，像鏡子，像植物
長成一個全新的品種

第六章　尚未演化之物 201
孤獨的人，群聚的神／打造一座個人博物館
遺體自備指南／把死亡當作一件好玩的事
「我」的平行宇宙／活的生態方舟
如果在外太空，一個礦石獵人

後記
創作與逃脫的動線／廖宏霖 238

推薦文
遙看一位執矛騎士去敲生死之門／孫維新 247
家維與我的科學病／孫大川 253
翻新傳記文學的篇章／須文蔚 256
深夜山谷遇見蘇格拉底／黃貞祥 259
「花花公子」的世界／王偉忠 265

短語推薦
翁啟惠、焦傳金 267

圖片故事 269

第一章

那一夜，我墜落山谷……

Time present and time past
Are both perhaps present in time future,
And time future contained in time past.
If all time is eternally present
All time is unredeemable.

— T.S. Eliot, Burnt Norton, Four Quartets

此在與過去
都可能存在於未來中，
未來已包含著過去。
如果所有的時間都永不消逝
那麼所有的時間也都無法贖回。

——艾略特，〈燒毀的諾頓〉，《四個四重奏》

車禍發生當下至第一天深夜
23：30～03：00

這具陌生的身體

我已經忘記我是什麼時候醒來的，甚至忘記是如何醒來的，是身體上的哪一種感官開始醒轉。第一個映入眼簾的畫面、聽見的聲響、聞到的味道，這些都已不復記憶，時間感與空間感都是破碎的，我只感覺自己的意識，像潑灑出去的一灘水一般，漸漸聚集在一個地勢比較低的地方。而隨著這種聚集，我開始感覺到一種重量，讓我的意識得以向下墜，降落在某個「可以感知的狀態」。

不知過了多久，有另一種感覺非常深刻地蔓延開來，那便是「痛」。我這輩子從來沒有受過什麼嚴重的肢體傷害，第一次感受到這種全面性的痛，一時之間，竟然也無法辨別痛的部位，遑論造成痛的原因。再過一陣子，破碎的時間感像是被這種痛填補了起來，「痛感」漸漸有了差異性，我開始感覺到額頭和鼻腔處有黏黏熱熱的液體，而身體大部分的地方，則浸在濕冷的液體之中。痛感有了差異，感受有了層次，頭腦似乎也開始有了所謂的「認知」。

「我出車禍了！」這是我在無邊無際的痛感中，腦中產生出的第一個理性的判斷。

我想，在我真正醒轉過來之前，大腦應該是分泌了某種類似腦內啡的物質，讓我在無意識當中啟動了自我保護的機制——忘記事故發生的「當下」，這是生物的某種本能沒錯。而那個「當下」，不僅僅是記憶支離破碎，所有與身體有關的感受、行動，基本上都處於一種更接近原始本能的狀態。在那段時間，我一定做了些什麼，或者說，至少我應該曾經有一些反射性的動作，試著保護過自己。我知道那段空白的時間終究會是一個難解的謎，在恢復意識之後，我並沒有強迫自己去回想些什麼，老實說，我也沒有那個心神與氣力了。

我從小就是一個理性的人，但此時的我似乎還沒有意會到自己剛與「死亡」擦肩而過，因為死亡不是一個可以輕易用理性去「體會」的概念。當然，在生物學上，「死亡」的意義並不難理解，某些指數，某些生命跡象，某些客觀上的狀態，都足以「宣稱」或「證實」死亡這件事正在發生，或已經發生。對於這些理性的判斷，我並不陌生，但此時此刻，我卻對自己的身體相當陌生。

這具陌生的身體，從何而來呢？「探討生命的起源」一直是我在研究上的重點之一，但那是一種更大維度的生命的概念，完全不是個人生命所能企及的境界。然而如果這一切縮小聚焦在此時此刻，陰暗潮濕的環境下，這具生命跡象微弱的身體，這種充滿著痛感的意識，這個渺小且微不足道的生命，除了在意識相對清楚的時刻，思考各種保命與脫困的機會外，面對可能到來的生命的終結，生物體讓自己脫離當下，也許是另一種保護機制。於是我的思緒與意識又開始混亂起來，這也許可以延緩死亡的到來，讓這具陌生的身體，偷得一些喘息與復原的時間。

我很難說清楚，在那些清醒與昏迷的間隙之間，我究竟經歷了些什麼，但至少沒有一道白光從天而降、沒有死神或牛頭馬面之類的角色出現。對我來說，那更像是球場上的「傷停時間」，我受傷了，但我還想繼續比賽，所以叫了一個「暫停」。也因為如此，我才可以在時間的縫隙中，既旁觀又主觀地，再熟悉一遍發生在我生命中無可取代的人事物，在最接近死亡之際，重新回到那些曾經真正活過的魔幻時刻。

墳墓旁的削瘦臉孔

若要談起什麼魔幻時刻，我想到的不是自己的父親、爺爺之類的家族故事，不知道為什麼，出現在我腦海中的反而是一張在墳墓旁的削瘦臉孔。那時是民國五十年左右的澎湖，我念澎湖的馬公國小，父親是公務員，雖然家境並不富裕，至少也相對安穩。那時候，一座小小的海島就是一個小學生所能探索的全部世界，我對世界好奇的心，就是開啟於這座海島，彷彿恨不得成為那一陣陣不停歇強風的任何一道，呼呼地吹遍島上的每一個角落。

那是我的一位國小同學，身形非常瘦弱，印象中頭的比例很大，臉上永遠掛著兩條鼻涕。他每天一進到教室就要承受老師無情的責罵與鞭打，最常見的情景就是他跪在教室的門口，頭抵著一張桌子，或是一把椅子，很典型的過去台灣教育的體罰場景。被處罰無非一個原因，他沒有做功課，我不記得那時候是小學幾年級，就當作是三四年級吧。

後來我知道他就住在我家附近，但更靠近海邊，從我家到他家要穿過一個墳墓區，澎湖的土葬是很常見的。有一天放學，我決定穿越那個墳墓區，到他家去。那時應該是冬天吧，下午接近傍晚，風很大，觸目所及一片枯黃，穿過墳墓區對我來說，沒有太大的恐懼，倒是看著墓碑上自己認識哪些字，一路開心地往前走。風把我的帽子吹掉，所以我就追著帽子跑。後來我看到了一間很破舊的房子，外頭堆滿一塊塊的石碑，原來這位同學的家是刻墓碑的，遠遠地我就瞥見一個熟悉的身影，就在那麼冷冽的冬天，在房子外頭吹著風，坐在一個破板凳上，手上拿著鑿子，在那裡刻著墓碑，像是也被什麼人處罰一樣，一字一字艱難地刻著。

他應該是家裡唯一的孩子，我沒有看到他母親，他父親的長相跟他很像，枯瘦的身軀配上一個比例偏大的頭顱，我的同學在那裡，依舊流著鼻涕。突然他轉頭看到我，我們相對無言，他的眼神卻透露出一股說不上來的無奈。那一幕，我永遠難忘，好像感受到一種微妙而無形的界線，劃在彼此之間的同時，卻又深深地理解了對方，為什麼他總是不寫功課，為什麼他臉上總是掛著兩行鼻涕，以及他那顆大頭的由來。後來我比較常去他家找他，坐在他旁邊看著他刻墓碑，偶爾換手讓我敲一下。我們之間話不多，因為他不愛講話，但是我很享受跟他在一起的那個時刻。再過幾個月，他就不見了，不再上學了。

時間快速地推進到了國小畢業那天，畢業班排著隊前往縣政府，我們的畢業典禮是在縣府禮堂。大概是因為拿了縣長獎吧，我走在我們班的最前面，夏天的路樹開展著茂密的綠葉，在往他家的那條路和往縣府的路的交叉口，樹叢後頭，我又看到了將近兩年沒見的這位同學。他還是那麼的瘦，頭還是那麼的顯著，兩顆眼睛睜得大大的，不，其實他眼睛不大，但在那個比例與畫面中，我回憶起來，就是一雙大大的眼睛，望向這個他本該也要身處其中的行列。

如果說生命的起源是一個永恆的追尋與辯論，那麼這位國小同學，似乎揭示了另一種生命起源的意義。無限回推的起源也許並不實際存在，但每一個個體生命的「起源感」似乎來自於一種差異的辨認，因為有差異，才讓個體生命在看似普遍的統一性中，有了多元且獨特的可能性；換言之，我們是這麼相似，卻又如此不同。我們來自同一個地方，甚至在生物學上，是同一種「生物」，但唯有生物意義上的、社會意義上的，各種層面上的差異，決定了我們生命的「起點」。我們有哪些限制，又有哪些潛在的可能性，我們如何開展自己的生命，又如何在限制與可能性之中，述說自己獨一無二的故事。

這是我的第一個魔幻時刻，關於生命起源，也關於那張墳墓旁的削瘦臉孔。

多出來的東西

身體的痛感逐漸變得細緻起來，原來那種全面性的痛轉化為差異性的痛之後，感官帶動我的思緒，意識也逐漸清晰了起來。眼鏡已經不知道飛去了哪裡，但坦白說眼睛在此時並不是一個可靠的感官，四周一片漆黑。我勉強地去感受並判斷著自己身處何處，試著把上一個理性的判斷——「我出車禍了！」，再往前延伸一些，理出一個更能解釋目前狀況的脈絡。

「應該是車子翻落山谷了，是在往南庄的山路上！」

隨著大腦思維的運作，潛意識中一些曾經熟知的生物科學知識，片段地在我腦中閃現，它們跟我此時的狀態或許並不直接相關，但不知道為什麼，那就像是被銘刻在記憶底層的化石，在意識一片混沌之際，身心被深深地重擊過後，以一種僅有輪廓的方式浮現出來。人這一生所認真學習過、思考過、熱愛過的一切，是否也會成為生物在危急存亡之秋，所賴以維生的某種「熱量」或「燃料」，透過燃燒它們，生命才能重現那曾經實實在在活過的溫度。有人曾經說過，靈魂是有重量的，甚至還煞有其事地做了實驗【註1】，這跟我一直以來都想要見到鬼魂的願望一樣，做為一位科學家，就是對這世界上所有未知的一切著迷。

而我此刻，似乎離那未知僅有一個呼吸的距離。

第一個出現在我腦海中的，是我所知道關於「眼睛」的知識。在動物的演化史中，眼睛的出現，讓有視覺的生物在生存競爭上擁有了明確的優勢，而決定一個生物是否能擁有眼睛，感光細胞的發展是關鍵。這類細胞非常特別，具有感受光線且進行光傳導的神經元，其中的感光物質可以將光的刺激轉化成神經脈衝。而目前所知，地球上的第一隻眼睛，便是出現於寒武紀【註2】的生命大爆發時期或更早，三葉蟲在那時已有了複雜的眼睛構造，能校正球面差和色相差，如此在水中也能有清晰的視覺影像。

突然有一種感覺：死亡是不是一種「看似退化的進化」？也就是說，在趨近死亡的過程中，生物個體是否有可能在為生物整體的進化，提供「最後一份力量」？是不是有一種接近「盤點」的狀態，從細胞到器官、從記憶到知識、從情感到理智，都在進行一種精密而細微的微積分運算，試圖推算出一個生物體在這幾十年間，究竟讓自己「演化」到哪個階段。

死亡於是成為一種歸零的過程，當下的狀態減去原初的狀態，多出來的那些東西，在個體意義下的滅亡，是否也質量守恆般地移轉到生物整體意義下的演化過程中。換個方式描述，每個人在這個世界上所留下的各種痕跡，說過的話、做過的事、影響過的人與事，都有可能是百萬年以後，生物體某個演化形成的遠因。就像是那個被當作偽科學的靈魂重量的實驗，人類死亡後突然減少的那個重量，正是生命在演化過程中多出來的東西，在個體意義下，除了可以被稱為靈魂，是否也是生物整體意義下某種演化的證據……

想著想著，這過度的推論讓我有些糊塗了……

又不知道過了多久，我的右眼一直感到有熱熱的液體流進，我知道是血，但不確定出血點在哪裡。再度試圖睜開眼睛，單眼的視力，加上近乎無光的環境，我的感光細胞一時也無法為我演化出如同夜行性動物般更發達的視桿細胞，讓我對周遭環境做出更好的理解與判斷。我想了一下，試著動用另一個器官，放開喉嚨嘗試大聲呼喊，但我根本不確定自己有沒有確實發出聲音。我的聽覺也還在從驚嚇中等待回復，所以也不太確定是不是有人或生物回應我的吶喊，試過幾次之後，便知道那只是浪費體力。接著，也許是透過這些試圖控制自己身體與感知的活動，我的時間感突然整合了起來，我大概知道現在是什麼時候，我想起來我的兒子、孫子剛從美國回來，我開始擔心車上是不是還有其他人，我的太太，或者其他的家人朋友？

我有點慌張，我的聲音從向遠方的呼救，轉成了對四周的叫喊，我甚至試著做更大範圍的移動，用手胡亂地觸摸，看看是否有同行的人就躺臥在我附近，而我卻不自知。這種在黑暗中手足無措的狀態持續了一陣子，焦灼的我漸漸冷靜下來，也許是身體中的腎上腺素被激發出來，我的時間感更清楚了一點，幾乎可以斷定這趟車程只有我一個人，並且想到一個重要的事件：在三天後，我有一場對上千位台積電員工的演講。

這個訊息對我來說非常重要，因為那代表最遲三天後，會有人發現我不見了，我只要想辦法在這個山谷中生存超過三天，獲得援救的機率就一天比一天大增。帶著這樣令人有點心安的想法，我應該是半昏半醒地度過了第一個深夜。在這個過程中，我斷斷續續地做了幾個夢，或者，應該說我回憶起了幾個如夢般的人生場景，過去的經驗、記憶與感受，都融合在一起的不可名狀之物，那所謂「多出來的東西」。

深谷裡的夢

第一個場景是關於我的一個夢想。

出生於澎湖的我，對於海洋懷抱著非常強烈的嚮往，我一直都打算找個合適的海邊，蓋間房子住在那裡。我心中理想的海邊住家是屋子旁就有一個很大的池子，這個池子不好找，如果是天然池最好，潮起潮落，海水會進來也會出去，但各式各樣的潮間帶生物會被留下來，一切跟著大自然的潮汐運作著。

夢裡我來到那樣一個場景，夢中的池子又大又深，像是另一座小型的海洋，我戴著蛙鏡和氧氣瓶，潛入池子中。這一生看過與沒看過的海洋生物，都以顯微鏡底下巨大美麗的模樣向我現身，微小如矽藻，龐大如藍鯨，都在那座夢中的池子裡與我共游。我貪心地不斷下潛，彷彿只要潛得愈深，就可以看見更多更美麗的生物。夢裡沒有任何限制，只要我的意念夠強烈，就能持續地優游於這座夢幻的池子中。但不知為何，愈潛愈深，一股刺刺麻麻的壓力從身體的右半邊蔓延開來，突然感到一陣無法呼吸，像是氧氣瓶已用罄，倏然驚醒，大呼一口氣。我還是被困在深夜的潮濕山谷中，但不知道從什麼時候開始，也許是因為山谷裡的寒氣，身體已從平躺改為右側躺的蜷曲狀態。

其實，現實生活中，我真的幾乎要找到那個理想中的海邊家屋。大概在十五、六年前吧，我到北海岸，在濱海公路的邊上看到了一個個的九孔池，一大片一大片，基本上都是荒廢的。其中有一個池子位於角落，那個池子的大小、深度跟周圍的景致，讓我一眼就認定這是我實踐夢想最好的一個選項。如果我擁有那個九孔池，在旁邊蓋一間適合居住的房子，這個池子裡可以收集到很多潮間帶的魚、蝦、蟹、貝類，閒暇的時候我也可以直接就跳進池子裡。

從小在海邊活動，我知道潮間帶的生物多樣性令人讚嘆，但是人類的活動卻對它們造成無以復加的傷害。我親眼看到過如此無情且殘酷的捕魚方式，就是把一粒一粒硬幣大小的白色氰酸鉀包在一塊布裡，或是放進一隻襪子裡，人只要在岸邊、在礁石上看準了一個潮池，把這個包著氰酸鉀球的襪子，放到水裡去攪弄一番，沒有多久，這整池的魚便會全部浮上來。這些魚基本上不一定會立刻死亡，把牠丟到隔壁乾淨的池子裡頭，甚至還會活過來，不過，這些魚身體內的臟器其實已經受到傷害。這種魚養不久，但對於商人來說，重點是牠浮起來就好啦，因為只要是活的，就可以保障更高的經濟價值。

可是人們並不知道，或者說並不願意真正理解，丟進一粒氰酸鉀在水池裡，死掉的絕對不只魚，所有的生物都會死掉。在很長的一段時期裡，台灣沿海許多人都是用這樣的手法在「捕魚」……。我不知道現在腦子裡為什麼會出現這樣的念頭，就像我也不知道這個深夜還有多長，為什麼自己會在這裡，能不能順利撐過這個晚上。也許是與死亡過於迫近的緣故，我又沉浸入另一個與死亡有關的夢境……

那是我在美國加州大學聖地牙哥校區的海洋研究所念書的第一年，我們應該有八位同學吧，每個人的學習背景都不一樣，也來自不同的國家。印象深刻的是，第一學年結束之前，有一個嚴格的「資格考試」（qualify exam），通過那個考試，才能升到下一年級。有一位來自墨西哥，很聰明的同學，不知道為什麼竟然沒有通過那個考試。中午考試結果出爐，到了傍晚，他自己一個人在海洋研究所外頭的沙灘上沉思。沒有人知道，他手上拿著實驗室的氰酸鉀，過了一夜，就聽說他在海邊毒死自己了。

我夢見我走向沙灘上沉思的他，在他身邊坐下，用略帶口音的英語，跟他說起自己開車從山谷墜落之後，又幸運獲救的經歷，向他描述那個讓自己痛苦不堪的夜晚的所有細節。我跟他說，又濕又冷的我，是如何拖著全身內外都是傷的自己，緩慢地爬行到一處較為乾燥的岩石上躺臥休息，我跟他分享當時的心境轉換，我身體的痛、我心裡的焦灼、我理性的判斷，以及我對於活下去的渴望。

這位墨西哥同學意味深長地看著我，一直沉默的他，彷彿正要開口對我說話……

巨大的顯微鏡

墨西哥同學掀動著雙唇，口中發出的聲音卻是流水聲，我想要更仔細地聽，那流水聲竟然還夾雜著遠遠近近的蟲鳴聲，接著是風吹過樹叢的聲音，這些聲音愈來愈近、愈來愈響，突然一陣冷顫，我又回到那個黝黑陰冷的山谷裡。

我的右眼幾乎睜不開了，血凝固在眼皮上，左眼稍微適應了無光的環境，感謝我的視桿細胞發揮正常的功能。我似乎已經漸漸適應那無光的山谷，不知道是從遠處的什麼地方折射過來非常微弱的光線，讓黑暗中事物的輪廓模糊地浮現。我看見我的汽車像是個隨意被踩踏的鋁罐，翻覆在不遠處，往下看腳邊是淺淺的溪水，往上看全是茂密的樹影，遮擋住視線。

我開始覺得冷。恆溫動物體內有調節溫度的機制，相對於變溫動物，在演化上照理說就是為了讓身體適應不同的溫度變化，還能保持活動力。不過矛盾的地方也在於，恆溫動物若在身體狀態不好時，由於缺乏像變溫動物那樣類似「待機」的冬眠機轉，反而更容易在溫差大的情境下，形成失溫的風險。下半身已經濕透的感覺愈來愈清晰，我試著移動身體，用盡力氣爬了十幾公尺，隱約感覺地勢微微向上，我猜想離溪水已經有一段距離了。

我找了一處「感覺起來」比較乾燥的地方躺下，伸手可及的地方，隨手抓了幾片大型的樹葉蓋在身上。在野外求生時，樹葉其實是很好利用的工具，有時候植物甚至可以成為養分和水分的來源，但在此刻，我僅僅需要它能讓我降低失溫的可能性。恍惚間，我感覺自己爬到了地勢較高的地方，或許正是在岩壁下被幾棵大樹自然遮擋出的空間，空氣裡的濕度似乎降了幾分，風也比較和緩，疲累感催動了我的睡意，又是一個夢嗎？

那也是在我小學的時期，當時有一位同班同學叫做吳財德，我們兩個都愛極了畫畫，馬公國小還把我倆的畫作送到日本去比賽，印象中是一個櫻花牌贊助的水彩比賽，最終我們兩個都得了名，還收到了從日本寄來的獎狀，以及一人一大盒的水彩。校長在朝會上表揚我們，這在當時小小的澎湖島上可說是大事。

這事情真的太久了，原本已經忘了細節，一直回想不起來當時畫的內容是什麼？甚至我們可能不只得過一次櫻花獎。我曾讀過一個關於童年記憶的研究，內容是說，大腦會在快速成長的幾個發展時期，建立一種精密的連結，這些關鍵期短則數月，長則數年，大部分人的關鍵期出現在嬰兒期，有些則是在青春期。這段時間，大腦對外界的光與聲音，會建立非常強烈的連結，並保持到成年或老年期。但這樣的精密連結，並不是指對特定事件的細節「記得很清楚」，而是關於此事件的記憶，很容易在未來生活類似的場景中，再度被連結起來，並且一再地以各種可能的形式重複。所以常會聽到人說，每個小孩生下來都有他獨一無二的性格，而性格決定選擇、選擇決定命運，也許在說的就是這樣一種嬰兒時期或青少年時期所建立下來的「精密連結」。

總而言之，小時候畫畫得獎這件事，讓我印象十分深刻，我甚至懷疑自己是否在每一次回憶的過程中，創造了某些細節，但這件事的確反映了我某種性格，我對創造美的東西很有感覺，我對於受肯定、被看見也很有感覺，這或許就是我大腦中的「精密連結」。不過，這一次，我似乎發現了另一個連結。

也許是身體感官處於極為脆弱，因此也就極為敏感的狀態，我好像第一次看見了（我所畫的）那幅得獎作品的內容。那是一幅合唱團的大合照，興許有二十幾個人，像一般合唱團表演一樣，排成三排，每排不到十人，男男女女都有，大家的外貌身形不一樣是必然的，但相當詭異的是，我彷彿看見那幅畫中，每個人的嘴型都是不同的。一開始不以為意，但仔細想想，合唱團怎麼會是唱不同的歌呢？即使是分部合唱，也不太可能每一個人都不一樣。

這彷彿是一種隱喻，或者說，另一種「精密連結」。我在往後的人生裡，確實對於某種「多樣性」非常著迷，這種多樣性表現在不同面向，比如研究矽藻，比如收集神像，甚至更後來致力於成立植物保種中心，我追求的似乎都不是全然完整一致的美的樣態，反而是希望窮盡那千變萬幻的差異的美。如同小時候那一幅得獎的畫，遠遠地觀望，應該是一個發出相同旋律的整體，但是貼近觀察，構成這一幅美麗的整體圖像，其實正是那每一個個體獨一無二的嘴型與聲腔。

而這位老朋友吳財德，成為我從小學開始就很親密的朋友，暑假期間，我們兩個還會結伴去找不同的老師上課學畫畫。直到初中一年級，我離開澎湖，我們都還斷斷續續保持聯繫。他父親是一位警察，家庭也不富裕，印象中初中畢業就離開澎湖，到台灣來「討生活」，我還記得他那時對畫畫這件事始終如一，找了一間廣告公司，希望可以繼續發揮他的美術長才。青春期的日子過得特別快，高二還是高三的時候，我們發展出一種「雙人創作」的模式，他畫一部分，我畫一部分。那時候沒有想太多，單純對於一幅畫中可以加入更多觀點，呈現更多元的樣貌，感到很有趣，也頗有一種「以畫會友」的相濡以沫感。

記得有一次，我們拿著一幅「合作的畫」去參加台中的校級畫畫比賽，沒想到竟然得了第一名，但因為只有我有學生身分，作者只能掛上我的名字。這件事在嚴格的道德標準下，不是件值得說嘴的事，不過當時並沒有欺瞞的意圖，也許最多只是一種跟好朋友一起做壞事的冒險感使然。更或者，這中間也存在另一個「精密連結」，我下意識地想要復刻小學時我們一起得到日本畫畫比賽第一名，那份因為創造美的事物，而被肯定、被看見的感覺。

和吳財德比起來，我對畫畫同樣癡迷，一直到高三之前，都立志將來要考進師大美術系。但是青春期的腦袋很容易做出衝動的決定，某一次我以為是囊中之物的美術比賽，竟然慘遭滑鐵盧，不知道為什麼，突然我有一種「那我全部都不要了」的感覺。這可能也是我跟吳財德的差異，我熱愛的也許不僅僅是畫畫，更多的是畫畫帶給我的「精密連結」。

印象很深刻的是，有一次他特地來學校找我，那時他已經在廣告公司工作，每個月都有固定的薪水，他知道我開始對觀察生物有興趣，竟然買了一台頗專業的顯微鏡送我。那是我第一台可以稱得上專業的顯微鏡，一個相當珍貴的禮物，我就是從那個顯微鏡開始觀察顯微世界，即便不再以畫畫為志業，但開啟了我用另外一種方式看見另一種美的旅程，也才有了日後研究矽藻的可能。

夢境的景象停留在那幅小學時期的畫作上許久，久到我以為畫作上的人似乎開始動了起來。突然，不知道是哪裡來的一雙大手，把我夢境中的景象，像是放在一台巨大的顯微鏡底下，蓋上蓋玻片，調整焦距。從模糊漸漸調整到清晰，聚焦之處原來是畫中一個人的嘴巴，在那深邃不見底的嘴裡，竟然有著如矽藻一般千變萬化的斑紋……

我又在濕冷的黑暗山谷中醒來，像是躺在夢境中的某一隻嘴裡。

未知與已知

即便四周依舊幽暗，但知道自己大概身處在哪裡，不知為何竟帶來了一股安全感，無論時間與空間，人們似乎都需要某種座標為自己定位。而已知與未知，像是化學實驗中的催化劑成分，兩者只有在最適切的比例中，可以讓生命發生變化，持續地朝下一個階段邁進。面對完全未知的狀態，恐懼是人們最自然的反應，恐懼至極會限制人們做出判斷，進而改變現狀；相對來說，完全的已知，也並不會帶來改變，或者應該說，對生物而言，所有自然的環境，皆不存在全然已知的狀態。環境中勢必總存在著不確定的因素，芸芸眾生才得以朝下一個階段演化。

這次醒來，好像離某個黑暗的核心更遠了一些，我知道我還會活下去一陣子，不管是幾天、幾小時。總之，一股生存的欲望與本能逐漸轉換成過去所認知的求生知識，所有跡象在在顯示了我目前是安全的，至少沒有立即的危險。時空的定錨效應彷彿在此時發揮了效果，像是原來漂浮在深夜大海中的落難者，在經過一陣漂流之後，猛然抬頭突然看見遠方岸邊的些許燈火。由著這樣的安心感，身體似乎也適應了此時的狀態，痛感雖然不曾消散，卻比剛醒轉時減輕了一些。痛感在人體科學上是一組神經反應，持續地刺激它確實會引發類似的狀態，視覺上有視覺疲勞，味覺上有味覺疲勞，痛覺上或許也有所謂的痛覺疲勞？

痛感的主觀減緩，讓我試著對現下的環境做更多探索。我摸黑再爬回車子的殘骸附近，也就是比較靠近溪流的地方，除了希望碰碰運氣，看能不能找到手機，或者想來應該已經粉身碎骨的眼鏡，也看看是否有可以利用的物品，比如一件禦寒衣物或毯子之類的。深夜裡的山谷，觸手可及之處，溪邊的石頭就像是一顆顆大大小小的冰塊，而雙手的觸感，似乎也正在建立某種「人體 3D 列印建模」的過程。此時的我並非漫無目的地東摸西摸，透過有限的觸覺與視覺等感官，我有意識地建立起方圓十公尺左右的空間認知。

沒想到，我找到的東西比我所能想像的更好。

先是摸到了一把傘，然後用傘勾到了一罐「海底雞」罐頭。我已經忘記是什麼時候、什麼緣故將這兩項物品放進車子裡，但這個罐頭應該會讓我的生還機率大增！我不禁這樣理性地推測著，一條小溪確保了水源，一個罐頭可增加熱量，一把傘用來遮風擋雨，讓我避免失溫的危險。就是此刻，那份來自未知的恐懼感降低了許多，而目前所有的已知，都指向了希望。

其實這不是我第一次與死亡打照面，我想起三、四年前，也有一次瀕死經驗，那時候與死亡的距離更迫近，幾乎就只是一口氣的距離。那是一個再尋常不過的午後，我在苗栗南庄家中工作，胸口突如其來的悶痛，起初還忍耐著，但漸漸連喘氣都特別費勁。當下自覺必須要趕緊處理，於是立即前往醫院急診，心電圖照了，沒事，X 光檢驗，也沒看見異常的狀況，不過血液檢查出來後，心肌鈣蛋白的指數明顯偏高。醫生看了之後，直接指示要送加護病房。原來，心肌鈣蛋白主要負責調節心臟的肌肉收縮，當心肌缺氧時，就會釋放進血液中，濃度大增，我當時的情況就是所謂的「心肌梗塞」。

進了加護病房之後，裝上氧氣照護，也打上抗凝血藥劑，我自以為警報解除，也慶幸自己當機立斷，只要等待明天的心導管檢查，身體應該就會漸漸復原。孰料，半夜我在另一波更大的胸痛與反胃感中驚醒，護理師緊急讓我含著一顆硝化甘油，但情況並沒有好轉，五分鐘後，我陷入休克昏迷的狀態。在那萬分之一秒的生死之際，我實際上並沒有記憶，但隱約有著某種解脫之感，聽護理師後來描述，我的臉一陣刷白，血壓剩不到五十，還持續往下掉，嘴角竟然還出現了彷彿此生無憾的笑意。故事的最後是我被緊急送入心導管手術室，醫師用強力溶凝血劑鬆動血塊，再以氣球擴張術，打開血液流動的空間，最後則是用常聽說的「心臟支架」撐住這個空間。據說，整個歷程不到一個小時，我就從「此生無憾」回到了這個還有許多工作等著我完成的塵世。

後來，我時常回顧這一段瀕死經驗，一開始總覺得是自己的「自由意志」救了自己，但仔細思考、感受每個過程，其實更多時刻，是身體影響著潛意識，潛意識引導著我做每一個判斷與行動的選擇。換句話說，並不是大腦的某個理性中心在影響人們的所有知覺，更多時候，人們傾向在經驗與潛意識之海中，去快速形成某種預判，尤其是在面對那些每天都可能重複遇見的情境，或是不曾遭遇過的狀態。經驗與潛意識之海提供了相對大量的線索，幫助人們在變動不居的環境中生存下去。我們當然可以相信自由意志，但實際上，人做為一種生物，所依靠的是經驗與潛意識。

這樣說起來，當代的科學發展的確救了我一命。我現在的人生是一段多出來的人生，誇張一點形容，為了生存，我已經藉由醫學技術，在心臟中演化出了一根「軟骨」（支架）。這一次的生死關頭，我又將會演化出什麼新的能力？在「已知」與「未知」之間，人們該如何自處？生命中所有的「已知」，是不是都是由「未知」透過某種演化而來的呢？佛家常說的「因果」，想來也有著生物學上的意義。

在闃暗的山谷裡，我紛雜的思考似乎是唯一的人聲與光亮，我與自己對話、辯論、理解，像是過去生命中的每分每秒一樣，只不過這次，在少了諸多干擾之後，完全的獨處。此刻帶來的不是完全的寧靜，思緒如山谷中的眾多蟲鳴鳥叫，我愈清醒，聲浪愈大。

一道做不對的證明題

腦中浮現的下一件事是——我的父親正是因為心肌梗塞過世。

小時候過農曆年之前，父親就會把我們幾個孩子叫到院子裡去，他會用很漂亮的毛筆字先寫好祖先牌位，在院子裡頭辦一個可能是他自己發明的迎接祖先的小儀式。之後，父親恭謹地將他寫好的牌位，貼在一個板子上頭，移到屋子裡顯著的角落桌上，把牌位放上去。從過年算起，也許有半個月時間吧，每天早上都要跟祖先們磕頭、問好。印象中，父親不常和我們提起爺爺奶奶，或是家鄉的舊事，但這個行為，他寫字時的表情、安放牌位的動作，讓幾十年後的我，都能夠感受到他深深的思念之情。

也許就是這件事深深烙印在我的腦海中，在我二十七、八歲時候，人在美國留學時，身處異鄉，對於自己的來處特別有感。憑著一股衝動，在農曆年時寫了一封信署名給爺爺，寄去一個我所能夠得知，但未必正確的地址。在那個兩岸往來相對隔絕的時代裡，那幾乎是一種無法期待的行動，只是為了填補我父親因為長期的思念，而被鑿出的某種生命的空洞。又或者說，那時候的我也感受到了這個巨大的空洞，在未來的某一天，也有可能轉移到我身上。

很神奇的是，過了不到一個半月，我收到了一封信，上頭明白的寫著：我是你的哥哥，爺爺奶奶已經在一九七五年過世了，你還有一個姊姊，我們都很好……。那是一封頗有感情，但也相當克制的一封信。我當下非常震驚，未曾想過我有哥哥和姊姊在大陸。但震驚之中，更多的是疑惑，諸多不解之下，我又做了一件衝動的事情，我把這封信寄給父親。

這一寄，當然引起了家裡非常大的震撼。因為，即便是母親，都不知道父親在對岸也有家庭。後來父親一點一點地說明，他所來自的中國農村，原本就有童養媳的文化，所以嚴格來說，他約莫在十二歲就「被結婚」了，然後在十七歲時離開家鄉，那時有一個女兒兩、三歲，兒子則還在娘胎裡。父親透露的不多，又或者人們會下意識地抗拒不願意記起的事，就像是曾有科學家研究過，大腦存在著記憶調控機制，人們可以透過自我暗示的方式避免回想特定記憶，進而影響大腦對於那段記憶的存取，創傷症候群是一個比較極端的例子。

誰知道後來父親就突然心肌梗塞過世了。父喪何等大事，我當然得通知我哥哥和姊姊，並且覺得應該邀請他們來台灣一趟。我自己在一九九一年已經去拜訪過一次，那時候兩岸關係相當緊張，但我還是想辦法循正常管道過去了。回到河北，我住在邢台賓館，幾個姪子與外甥到邢台接我，然後好好吃了頓飯，也喝了很多酒，大家不勝唏噓。第二天，坐車回到我們村子裡頭。村子有個非常特別的名字：前無塵村。

那是一個非常閉塞，跟外頭接觸很少的村子。在村子裡我待了四、五天左右。這是個非常難忘的經歷，首先見到一個臉上發光，看著非常有智慧，皮膚黝黑的男子，他說，他是我哥，頭上綁了一條白毛巾。村子的成年男人都綁著這麼一條毛巾，是務農的基本裝束。村民們對於一個來自台灣的人回鄉，熱忱得不得了，全村的人都在村口等著我。一下車，一群人圍過來，我聽到不遠的地方有一個小孩，跟他媽講：「他聽得懂我們的話呢。」然後又說：「他會講我們的話。」語言果然是認同的基礎之一，即便是在這樣一個小村子裡。

第二天早上，到墳上祭祖，整片的農田只有少數幾個墳頭，那就是我家的墳場。其他當地人的墳頭都因為徵收做為農地被剷掉了。哥哥因為我父親，長期苦於有「海外關係」之累，孰料，在那個時候反而成了一種可以做為政治宣傳的特例，

鄉親們在村口等我。

整片農田只剩我們家的祖墳。祭祖掃墓，種下一棵柏樹。

所以我們家的祖墳還保留著。那次去，也見到了我的大娘，也就是父親的「童養媳」，她身體還很好，但是老得不得了，年紀顯然比我父親大不少。但更令我驚訝的是，同父異母的哥哥告訴我，眼前的這位大娘其實是父親的第二任太太，第一任太太在他們剛結婚不到一兩年就過世了，沒有留下孩子。

我刻意問了村子裡頭，曾經與父親有交往的父執輩，想了解那個我無從認識的父親的少年時期。那些長輩們說，父親是村子裡數一數二聰明的人，還沒上初中，文章就被公認寫得好，字寫得又漂亮，村裡的人對外要寫信，基本上都由他代筆。小學畢業後，就穿上白長袍，在村子裡教起書來。直到後來日本人來了，我的祖父母就要他離家，去投奔我的表大伯。

表大伯就是我父親的表哥，姓楊。表大伯的太太是河北省省主席的女兒，簡單來說她的父親就是一個軍閥。表大伯娶了軍閥的女兒，他自己又念過大學，後來還當上縣長，亂世中父親去投奔他，理所當然。父親跟著表大伯做了幾年事，細節不是很清楚，抗戰勝利後，時局變化很快，表大伯逃往台灣，父親沒跟上。輾轉流落到福建的一個港口，有一個同鄉的軍人，知道了父親的來歷與遭遇後，給了他一套軍服。父親披上軍服，上了軍艦，來到台灣之後，又是另一段曲折的故事，也是我原本所認識的父親的起點。

那次返鄉，心理上的衝擊非常大，我沒有預料到一封不抱任何期待寄出的信，會牽引出這麼多顛沛流離的生命故事。父親像是一道怎麼做也做不對的證明題，所有的解題方式都不夠周全。

念及此處，山谷裡不知從何吹來一陣溫暖的風，而那唯一的答案已經消散在風之中。

註1—一九〇一年，美國有一位麥克道格（Duncan MacDougall）醫生，做過一個關於靈魂重量的實驗。他準備了一台非常精準的台秤，上頭鋪著一張床。他打算測量人死後，即靈魂離開身體的一剎那是否有體重的突然變化。參加實驗的病人已經瀕臨死亡，期間還要計算身體水分蒸發的克數，移動砝碼以保持平衡。病人斷氣時，秤桿突然傾斜，透過台秤估量，減輕的重量約相當於二十一公克。

註2—寒武紀時期有眾多動物類群誕生，可以說見證了地球生命多樣性的巨大爆發，其中一些類群至今仍活躍存在。這些生物大多棲息在淺海地帶，包括軟體動物、蠕蟲狀生物和海綿。另外，這時期誕生的新生物，有些也開始擁有堅硬的身體構造，不僅能保護自己，也能夠做為身體骨架，便於日後演化長成更巨大的體型。

第二章 銀白色的光芒

So I assumed a double part, and cried
And heard another's voice cry: 'What! are you here?'
Although we were not. I was still the same,
Knowing myself yet being someone other—

— T.S. Eliot, Little Gidding, Four Quartets

於是我扮演著兩個不同的角色，呼喊著
同時聽見另一個聲音呼喊著：什麼！你在這裡？
雖然我們並不在那裡。我依舊是同樣的我，
認識自己的同時卻又成為了另一個人——

——艾略特，〈小吉丁〉，《四個四重奏》

第一天深夜至第二天清晨

03：00～06：00

「斷尾求生」的故事

父親的故事尚未完結。穿著別人給的軍裝，糊里糊塗坐船來到台灣的他，下了軍艦就受到盤查，他沒有任何其他證件，理所當然地就被關起來了。那是一個在港口旁的監獄，每個被囚禁於此的人，都有自己的來歷，大家交換著不同的資訊。有人提到什麼時候軍隊的哪一旅、哪一師預計來台，另外一人接著搭腔補充一些人名與細節，誰認識誰，誰又受誰請託，有什麼特別的任務，真真假假，假假真真，全都混在一起，似乎就是那個大時代裡的常態。

他編造了一個屬於自己的來歷，告訴監獄裡的人說，他是被派過來迎接從海南島撤回來的軍眷的，如何如何，有時間、有地點、有人名，總之那就像是用一個又一個的故事，去換取一個更好一點的未來。後來，輾轉又被轉至澎湖，那時候他頂多二十五歲吧，寫了一封信給當時的澎湖縣長，述說自己的處境，文筆顯然不錯，受到了賞識，從此進到澎湖縣政府裡做事，就這麼展開了他半真半假的人生。

真的部分是，縣長非常重用他，文筆好，聰明，就找他當主任秘書。但是台灣後來銓敘制度逐漸建立起來，當官、當公務員要有資格，只有小學畢業的他連證書都沒有，當然不能當主任秘書了，就降級當科長，再後來更降級當科員，而科員眼看也不能保了。這時候他發覺只有一條路，要參加公務員考試。他發憤念書，竟然在一年內通過了普考檢定和普考，再接續通過高考檢定和高考。這一來就有了正式的公務員任用資格，得以安穩地在澎湖縣政府做事了。

與此同時，假的部分也持續著。他顯然隱瞞著已婚且有孩子的狀態，先是認識了我外公，當時外公也在縣府裡做事。大家都知道有一個很帥的大陸人在那個地方任職，地方上有許多年輕小姑娘都遠遠地掩著嘴笑，斜著眼看，對我父親很感興趣，我母親就是眾多女子之一。於是我外公同意介紹兩人交往，母親十七歲就嫁給我父親，生了我哥哥，生了我，還有後來的妹妹和弟弟。現在說起來，父親前半生的故事，假的部分是為了生存，就如同真的部分一樣。

人與動物的差異，是否就在於人類會說謊？動物雖然也有近似於說謊的行為，但那多半是為了求生、求偶或捕食的欺瞞行為。除了人們最常提到的，壁虎的斷尾求生，有些無毒的蝴蝶，在翅膀上會演化出與有毒蝴蝶類似的斑紋，藉此趕走天敵，取得較安全的生存狀態。另外一個例子，我覺得與父親的故事更接近，那就是在一片青蛙的鳴叫聲中，總會有一兩隻青蛙在假唱，或是唱得沒那麼大聲，這種以假亂真的狀態，不只是虛張聲勢，同時也為了求偶與繁衍後代。

不過，人類的欺瞞行為與動物的欺瞞行為，似乎還是有某種本質上的不同。人類的欺瞞並非全來自一種自利的動機，更多時候，會為了更複雜的原因說謊，甚至，會為了他人的利益而說謊。另外一個差異是，我不清楚動物是不是會有因為欺瞞而帶來的各種情感，例如愉悅、自責、愧疚……等等，但我相信，父親在為了生存而不得不做出欺瞞行為時，應該也是滿懷歉意。我不禁想像，他必須不露痕跡、獨自保守著這些祕密的那些日子，心底該會是多麼焦灼。畢竟在人類的三維時空裡，時間是線性而無法任意回頭竄改的，他也沒辦法像之前在監獄裡那樣，隨手拿著別人的故事，拼拼湊湊成一個自己的版本，那個斷掉的尾巴，終有一天要接回去。

在知道了父親的祕密之後，有時候會想，我到底認不認識真實的父親，或是說我與他最接近的時刻是什麼時候？我是不是遺漏了他曾給我的某一個暗示？在支離破碎的回憶片段裡，我只想起了我們父子倆一起住在南投中興新村的日子。

那時候我剛到台灣本島念初中，他約莫四十出頭，卻有非常嚴重的坐骨神經痛，我記得他聽信了一個偏方，要用桃樹根與鱔魚一起燉煮。鱔魚都是賣活體的，所以他先找了桃樹根，我們再一起到市場買了鱔魚回來。單身宿舍裡頭沒有廚房，只有那種電加熱的不鏽鋼小電碗，因為桃樹根需要熬煮，我還自作聰明地給父親建議，要他先把桃樹根切成小塊，放進小電碗裡加水加熱至少一小時，比較常在家的我負責把那條滑不溜丟的鱔魚丟進去。

可能因為那時只有我和父親來台灣，其他家人都還在澎湖，這段相依為命的日子，每每想起那一碗熱呼呼的桃樹根燉鱔魚湯，竟是我感覺到與父親最親密的時刻。

一位閱讀凱因斯的父親

第二個感覺親密的時刻，要從考上大學的那個暑假談起。當時我考上了中興大學植物系，自己覺得差強人意，畢竟原本一心要去考美術系的，我也隱約感覺到父親似乎有些失落，或者，對我的未來感到一絲絲憂心。

入學之後，應該是班上的第一次郊遊，那時候每個系有一個系教官，那位教官就組織大家的第一次郊遊。我不知道哪來的想法，就提議大家來中興新村我家裡坐坐，教官與同學們在我家逗留了一段時間，過程中我們做了些什麼，我有點模糊了。但印象很深刻的是，教官同學們走了之後，晚飯過後，我聽見父親在嘆氣，問他怎麼了？他說，我原來以為，你中興大學畢業後會有很好的前途，但是聽你們教官說，你們系上的學生畢業以後，表現好的多半在中學裡教書……。父親說，他沒想到這樣的出路，已經算是好的了。那時候我才稍稍理解，他對我的期望似乎更高一些，那種望子成龍的心情，在那個夏日夜晚，像是裸露的星空一般展露無遺。

這可能多少也影響到我上了大學之後的求學態度，我不知道自己能不能滿足父親對於成就的定義，不過，很明確地有一個目標，大學這四年，我要認認真真地做一些事。大概過了一年多吧，父親有個機會可以調到財政部，他自己也在猶豫著這個人生的選擇，晚飯後我們聊著這個話題，我不知為何開始侃侃而談，鼓勵父親應該要勇於接受這份挑戰，因為我知道他有很多關於經濟財政的思考，寫了很多文章，但就是缺少一個落實的機會。透過這次對談，我也把自己進入植物系之後的觀察與心得分享給他，明白地跟他說我對於藻類學的研究熱情，以及未來的一些具體規劃。後來他也的確接受了財政部的工作邀約。

那個晚上，我突然有種長大了的感覺，好像不再只是個幫忙煮鱔魚湯的孩子，而是一個成熟的大人，能夠用一種平等的方式，跟父親開啟一段男人之間的對談，給予對方一些實實在在的關於人生的建議。

回想起來，從更早以前，中學的時候我就在家裡種花，養很多小動物，父親沒有責備過我，他甚至還在朋友面前，某種程度地炫耀自己兒子有這種「花花公子」的浪漫。在大學以前，我甚至都不曾感受到他所給我的壓力，沒有要我成為一個固定的身分或樣子，他可能僅僅只是擔心，擔心這個有點奇怪的兒子，是不是清楚知道自己想要做什麼？以及能夠做什麼？

我不太確定我們之間的關係，有沒有所謂「遺憾」這件事，在這個當下思考這件事，似乎有種回顧盤點人生的意味。但無論如何，對我來說，遺憾不是太常有的情感類型；而對他來說，我只能猜想，我想他對於我一定有些遺憾，因為我們之間相處的時間並不多。我不是那種逢年過節要回家陪父母的人，雖然這點倒是一開始，我就跟他表達得很清楚。我說，一個人時間就這麼多，你要我過年過節回家要幹什麼等等，我哪有時間去做別的事情啊？我甚至跟他說，如果想讓你的兒子跟其他人不一樣，就得讓他過不一樣的日子，你不要期望什麼父親節、母親節聚會，什麼中秋節、端午節、春節回家吃飯啊、團圓啊，用這一類的傳統束縛我。

年輕時的我，以為自己振振有詞地說服了他，現在細想，父親也許只是溫柔地接納了我的藉口。

後來，父親過世之後，我才留意到他留下大量的日記，他不是每天寫，但是也很頻繁，字很工整，差不多就是寫下每一天的生活和心得，裡頭常常出現的就是三件事情。第一件是經濟上的拮据，那時的人們，只要是需要養家，幾乎都是借薪餉過日子，這個月借下個月的，下個月借下下個月的薪水，發了再還，還了之後再借；第二件是檢討自己的脾氣，父親似乎很懊惱自己脾氣不好，常與人爭執，這時他就會在日記本上認真地反省自己的過錯；最後一件是寫下自己的讀書心得。

我印象深刻的有那麼一篇日記，記載著一個禮拜天的下午，應該是冬天，東北季風冷冽，他自己端了把椅子，坐在荒涼的院子中間，讀凱因斯的經濟學理論，愈讀愈有感覺，於是寫下一篇長長的評論。你可以想像那是多遙遠的過去，在澎湖的鄉下，有那麼一個人以自修的方式，讀很多艱難的書，並且將自己非常樸實的感想記錄下來。那篇日記的最後，他說自己把那本厚厚的書掩上，嘆了一口氣，忽然有感而發：「經濟學助我

父親的讀書心得筆記。

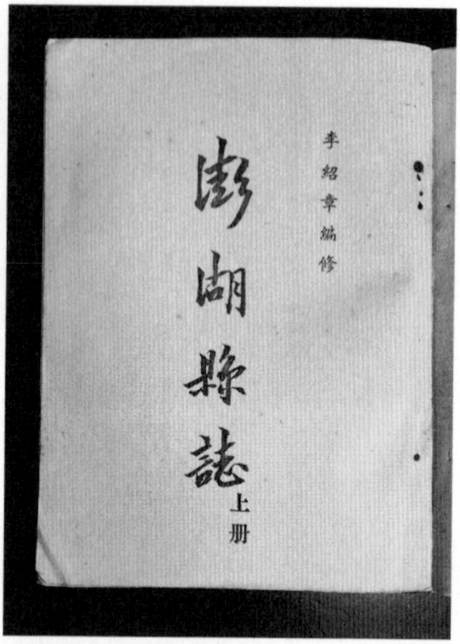

父親編修的《澎湖縣誌》。

乎，害我乎？」

除了自己的日記之外，父親還獨力完成了一本《澎湖縣誌》，從調查研究、找資料、整理架構、撰寫文章，到委託攝影師拍照，幾乎都是他一手包辦。這本書，後來我們也放了一本在他的棺材裡。

簡而言之，我的父親是一個聰明、愛讀書、對事物有自己感想的人。我曾細細讀過他所留下的那些文字，許多段落都是我不曾聽他述說過的故事或思考，又或者，他曾經試圖說給我聽，但那時的我不曾真正聽見。如同此刻的我，總是要等到即將失去些什麼的時候，那些生命中的吉光片羽，才又熠熠生光地在這一片闃黑中閃動著。

沒有圖的圖鑑

伴隨著每一次從昏睡中醒來，我好像都更清醒了一些，真希望能有一碗熱呼呼的鱔魚湯，治療我身上所有的痛。雖然尚未有飢餓感，但那種想要從痛感中解放出來，想要更舒適一點的意念，卻伴隨著意識的清醒而愈來愈強烈。許多研究都顯示，「痛覺」是一種相對複雜的感覺，並非所有生物都有「痛覺」，最常見的問句就是：「植物會痛嗎？」這之間最大的差異便在於，人類有「意識」，意識將所有身體物理上的感覺，複雜化成一套系統，不僅能夠被辨認，還可以被描述，感覺因此不只有程度的差異，還有性質上的差別，比如癢、痠、痛……，這些細微的痛覺差異，都不是其他生物可以任意擁有的。

「差異的建立」於是成為人類的某種生物特徵，人與動物最大的不同，就在於前者有語言，而世界上的所有語言幾乎都是透過差異來建立意義，有長音，就會有短音；有濁音，就會有清音。從另一個角度來說，差異同時也是生物分類的基礎，「界、門、綱、目、科、屬、種」，便是透過生物看似對立的生物特徵，建立起親疏遠近的秩序。

生物圖鑑就是以類似的邏輯組成的，所有的收藏或集合，必須要有一個秩序，我們所以為的「合一」，其實都是建立在辨認「差異」的基礎之上。我想起生命中閱讀到的第一本接近生物圖鑑的書，那也是我和父親一起搬進中興新村宿舍的時候，原屋主留下了一些書，印象中有很多文學方面的書，大都是套書的形式，讓人一讀就容易上癮。我翻著很感興趣，其中不少是諾貝爾獎得主的翻譯作品。老實說，那時候我們根本買不起這麼多書，那一批書於是全都變成了我的享受。

更讓我心動的是，父親不曉得從哪兒弄來了一套《臺灣省通志稿》。泛黃的、接近Ａ４開本的書，可能還是某種程度的線裝，約莫在民國五十年左右出版的，講述台灣的各地風土民情。那套書裡，對我來說最重要如寶藏般的，是其中的台灣脊椎動物誌與植物誌。

如今的人可能很難想像那是一本什麼樣的圖鑑，我們理所當然地會預設圖鑑都要有很多的插圖或實體照片，可以看到這隻動物長什麼樣子，那株植物又長什麼樣子，花葉果實的樣貌與顏色……。但是呢，在那時候，拍照與印刷所費不貲，這本書當然沒有那些豐富的圖片，幾乎都是一行一行的文字描述。於是，這本「幾乎沒

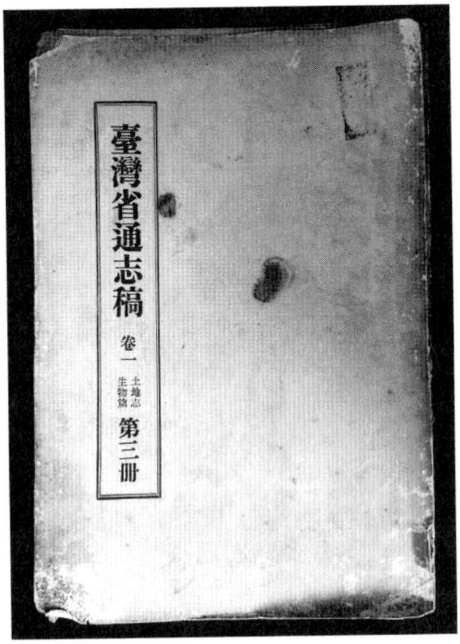

《台灣省通志稿》其中一卷的封面。

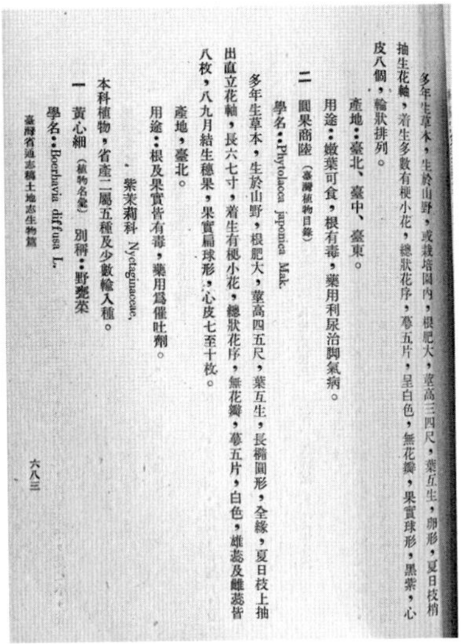

多年生草本，生於山野，或栽培園內，根肥大，莖高三四尺，葉互生，卵形，夏日枝梢抽生花軸，着生多數有梗小花，總狀花序，蕚五片，呈白色，無花瓣，果實球形，黑紫，心皮八個，輪狀排列。

產地：臺北、臺中、臺東。

用途：嫩葉可食，根有毒，藥用利尿治脚氣病。

二　圓果商陸（臺灣植物目錄）

學名：Phytolacca japonica Mak.

多年生草本，生於山野，根肥大，莖高四五尺，葉互生，長橢圓形，全緣，夏日枝上抽出直立花軸，長六七寸，着生有梗小花，總狀花序，無花瓣，蕚五片，白色，雄蕊及雌蕊皆八枚，八九月結生穗果，果實扁球形，心皮七至十枚。

產地，臺北。

用途：根及果實皆有毒，藥用為催吐劑。

、紫茉莉科 Nyctaginaceae,

本科植物，省產二屬五種及少數輸入種。

一　黃心細（植物名彙）　別稱：野甕菜

學名：Boerhavia diffusa L.

臺灣省通志稿土地志生物篇

六八三

純文字敘述的「圖鑑」。

有圖片的圖鑑」，像是在訓練著讀者與作者，不得不僅僅透過文字就能互相溝通。現在想起來，在那個影像還未氾濫的時代裡，文字反而顯得極有彈性；進一步而言，那時候的人們，閱讀文字真的是在鍛鍊著某種強大的具象化的想像能力。

記得大學時期，我常到房子後頭的田埂、竹林和山區，找來各式的植物花葉和果實，把它們壓成乾的標本。那時，我在自己的房間裡養很多不同的動物，青蛙、魚、蜥蜴之類的。我靠什麼來鑑別呢？就是這幾本完全沒有圖的圖鑑。反覆地翻、來回地翻，當然很多都對不上，但若是對上了幾個，那種得意和滿足成就感是很大的。

剛上大學的時候，學校裡沒有這類型的書，所以身為植物系學生，我是很開心的，在校園裡摘來的什麼花，我知道它的名字，進了教室，就把花交給一位漂亮女生，告訴她這是什麼。我也認得蛇的名字，有一天下了課，幾位女同學在那邊尖叫，說是發現水溝裡頭有一條蛇。太好了，我跳下去把這蛇給抓了，還順便科普了一番，告訴她們這是什麼蛇。第二天上學的時候，我做了一個本子，將昨天剝下的漂亮的一張蛇皮，分兩段壓在這本自製書的封面上，上段窄，下段寬，然後把這個本子送給了一個女同學。她收到時，分不清是驚喜萬分，抑或是大驚失色。總之，應該不會有人看過誰這樣做，直接把蛇皮剝下來，黏在一個硬紙板上當作書的封面。這些有趣的小事，現在想起來還是很開心，做標本一直都是我很得意的事。

談到書籍，我們那時候的閒書真的很少。偶爾我手上有一點小錢，這錢哪來的我也不太記得了，終究我會買幾本書。大一的時候，資源有限的情況下，我知道在美國新聞處有機會買到便宜的好書。當時台中一中旁邊就有一個美國新聞處的據點，我會到那兒吹吹冷氣，聽點英文，有點摩登的感覺外，也是一種舒服的體驗。那裡有一份雜誌，叫做《今日世界》，它以畫報的形式，處理了很多台灣其他媒體看不到的資訊，結合時事、科學、文藝等領域，可以說是當時大學生中最「流行」的一本雜誌。還有一些相對於書店便宜的書，特別是系列性的翻譯作品，例如有一本叫《海洋》，有一本叫《森林》，從那個時候，我就很喜歡這種「百科全書式」的整體感。

關於書的記憶，還有大一時的伴讀經驗。那時我們八個人住在一間寢室裡，不記得是誰的提議，印象中就是跟我睡在對角線、最遠的一個同學，他向我提議說：「熄燈之後你可不可以弄個手電筒，念書給我們聽？」我覺得這主意很不賴，有機會讀到更多不同的書。因此有一段時間，我像是在錄深夜廣播還是 PODCAST 一樣，為我親愛的室友讀書。

睡在我下鋪一個姓鍾的同學，是來自桃園的客家人，說著一口流利的國語，人很聰明。有一次我問他，你怎麼知道這麼多的事情啊？我看你書架上也沒那些書，你怎麼知道這些？他說，跟你坦白吧，我是到書店去念書！也就是說，他用很短的時間把一本書的前言、章節的摘要和最後的結論，快速地瀏覽一遍，站在書架前的時間，他就把這本書的內容大致掌握了。然後跟別人談話的時候，雖然那本書他只看了一個小時，根本沒翻幾頁，卻也可以侃侃而談，再引經據典地講出自己的想法。

這是我們那個年代對於知識的渴求，一切都很克難，但都極其珍貴。沒有圖片，我們就自己想像；沒有書，我們就去找書，並且用盡一切方法找到它、記下它、消化它，好像知識是一種很美味的食物。

亞歷山大椰子的果實

不知道是不是一種命定？我大學時候的外號就叫做「教授」。

剛入學的第一年，我就去敲系主任的門。「報告系主任，我想研究水裡的微觀世界，需要一台好的顯微鏡，能借我嗎？」那年我十八歲，敲開了易希道教授的門。她是位嚴肅的長者，一群教授們都是立正對話。我蹦跳進場，直述熱情，竟然借得了一間實驗室和系上最好的顯微鏡，又可自由使用藥品和植物培養設備，開啟了我往後二十年的藻類研究生涯。

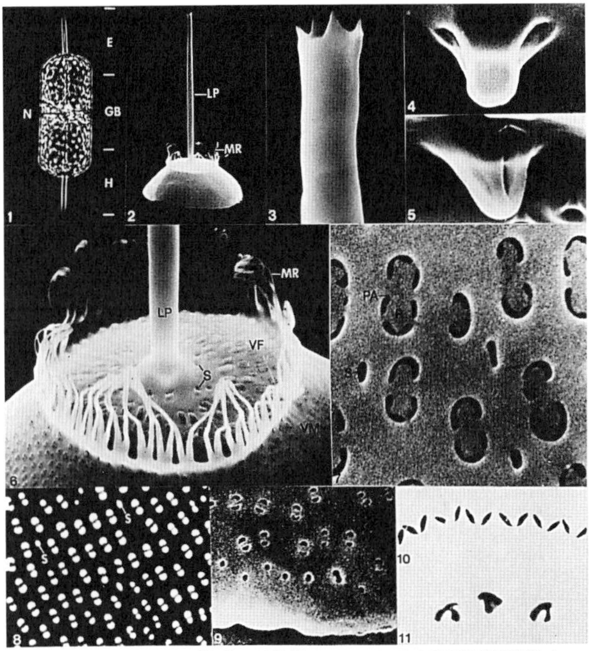

在光學顯微鏡（1）、掃描電子顯微鏡（2-7、9）和穿透電子顯微鏡（8、10-11）下看到的矽藻殼。

矽藻立刻成了我的最愛，訝異於單細胞生物竟然耗費大量能量，吸進水中稀薄的矽酸鹽，再礦化成極精緻漂亮的矽殼。矽藻有上萬的物種，各個的殼形及紋樣皆不相同，常常得放大千倍，才得窺細節。要入此行的門檻不低，益發激起我的興趣和毅力。大學四年，我到處採標本，先用濃硫酸烹煮以去除有機物，再離心清洗取得雪白矽殼，最後封膠製成玻片。有多少個夜晚不休地凝視顯微鏡下的標本園，拍照、編號和鑑別，日子充實極了。既有精彩圖像自娛娛人，也有冠冕堂皇的理由：這是對生命最有貢獻的類群，它們的光合產物佔了全海洋基礎生產力的百分之四十五以上！

這個對於矽藻研究的熱情的起源要說起來，應是緣自於一位到中興大學客座的日本教授小林弘。他是日本的一位矽藻專家，我很喜歡他，他也很喜歡我，一個禮拜有三四天，我都跟他一起吃午餐，他親自教我矽藻的學問。我也不太上課，到處跑，其實都是去找矽藻，學校的陰溝，山上的山泉、樹皮等等地方。很快的，我建立起一個在當時可能很少見的豐富的矽藻蒐藏，我學會了怎麼把矽藻做成精緻又漂亮的標本，每天晚上最大的享受就是在顯微鏡底下，觀察我當天做好的矽藻標本。要放大到一千倍，在光學顯微鏡下放大到極致，再慢慢地移動鏡頭，每移動一下，都像是有一個很大的驚喜在等著我。

小林教授身上帶著一些文獻，有他發表過的文章，以及他收集來的矽藻採集報告之類的，基本上都是一個個圖版，圖版上面排列著矽藻的標本照片。那對我來說就是絕美的設計！但那是他的東西，我怎麼取得呢？我深知那些素材很重要，沒有這些圖鑑，我就不可能知道我採集到的矽藻叫什麼名字。那是一九七二、七三年的時候，吃一頓飯只要兩三塊錢而已，但是影印一張圖就要一塊錢，幾乎是半頓飯的費用。我很努力地不吃飯省下錢，也實在沒有辦法印那麼多圖版。怎麼辦？我就借來自己描，把那些個圖案仔細地描繪下來，一筆一畫地畫出它們的細節。我還希望圖文並茂，某日，我騎個破腳踏車到台中的舊貨攤去，找到了一台便宜堪用的打字機，之後的每天晚上，除了在顯微鏡下欣賞收集到的矽藻標本，拍照片、洗照片之外，另外一個工作就是描圖，然後打字。

總而言之，小林弘教授給了我一年豐富的學習時間。他英文也不是很好，所以我們經常用筆談。印象深刻的是，有一天他告訴我，要是我兒子像你這樣就好啦。我好奇地問他說，那你兒子是什麼樣的人啊？他就在紙

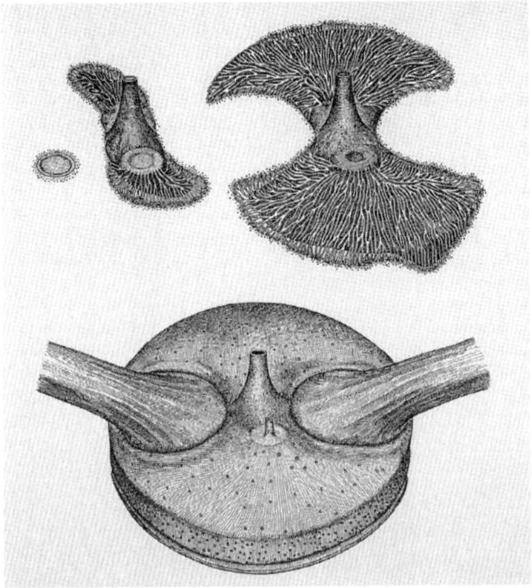

矽藻殼子的形成過程。我先畫了草圖，再由藝術家細緻描繪。

上寫了兩個字——浪人。那時候我並不知道浪人的意思，但回顧大學這幾年，自己真的也像是一個逐矽藻而居的流浪之人……

青春的回憶好像真的可以給人能量，山谷中的深夜，有那麼一個時刻，風好像靜止了下來。我閉上眼睛，彷彿可以看見年輕時的自己，不只是外表，還有那顆對這個世界充滿好奇的心，以及那雙張望著所有美麗生物的眼睛。

而美麗的生物當然包括女孩啊。剛上大學的第一個學期，班上就說要辦個舞會，在當時的台灣社會，是禁止辦舞會的。不過也正是同樣一個台灣社會，所有被禁止的事物，都需要試著挑戰它，這是那個時代的精神。老實說，也很適合我的性格！總之，舞會是要偷偷地辦，由一位同學負責去租下一個空間，現在想起來，也不過就是個大概二十坪不到的空屋，我則被指定要佈置會場。我本來就很喜歡美術，能夠打造一個空間，更是求之不得。

現在想想還真得意，我相中校園裡的某種植物，那是亞歷山大椰子樹，一種挺拔的棕櫚科植物，當它開花結果後，會有一大串滿滿的果實。接受這個任務的時候我就已經設定好，在學校某一棟建築的三樓，走廊邊上就有那麼一棵亞歷山大椰子樹，那個高度正好，在伸手可及的距離，就可以取得那串飽滿又漂亮的果實。我設法先拋繩子綁住，然後用一把長鋸子將它鋸下來，最後掛在舞會會場的牆上，營造一種特別的南洋風情。這跟做標本有點像，都是把某種生物留存在一個美麗的空間；在校園裡頭，你不覺得它的龐大，但是把它放在一個相對有限的小空間時，某種華麗、雄壯的感覺就油然而生了。

那時候我就注意到班上一位可愛女同學的存在，生物本能一樣，眼球隨著人家在轉動。第一學期有一門課，是普通植物學的實驗課，兩個人一組，幸運之神再度眷顧我，正好分到跟她同一組。那是一堂很單純的實驗課，就是觀察和畫畫，把看到的東西畫下來，再標上每個部位的名稱。顯然她對畫畫不夠有天分，所以我畫完了以後，總是再替她畫一張。類似這種小小的交集，讓當時的我可以開心個半天。

青春時的戀情多半充滿各種曖昧的情境，學期結束的時候，我們相約在學校的湖邊見面。空氣中瀰漫著一股依依不捨的感覺，我們言不及義地聊著，湖邊有一叢一叢的竹子，窸窸窣窣地好像也在交換著什麼祕密。時間在戀人之間總是過得特別快，傍晚了，不得不分離的時候，她摘下一片竹葉子，在上面寫上她家裡的電話和住址，輕輕地交在我手裡，這就是一段戀情的開端了。我的生命似乎一直都很有方向感，第一學期就有了清楚的迷戀對象。

再度敲開機遇之門

迷戀的對象很清楚，我對於研究的對象，一樣充滿熱情。應該是大三升大四的那個暑假，我又去敲了一位教授的門，那是江永棉老師的研究室。我向他自我介紹，告訴他，我做了些什麼事情，然後開門見山地說：「我想到你的實驗室來研究矽藻！」年輕時的我，如同現在一樣直白，甚至有些過度理直氣壯，我接著說：「我來敲您的門之前，已經到您的實驗室看過了，您的顯微鏡很好。」

除了那台讓我垂涎三尺的高級顯微鏡之外，我還覬覦江老師研究室裡的藏書，眼睛隨便一掃，都是當時非常難找到的國際藻類學會出版的期刊，但在江老師的書架上一應俱全。那時候學術界的資訊流通相對保守，傳遞資訊的方式也不像現在這麼發達，要得到別人的文章，得寫個卡片過去，對方慷慨的話，就會把他的文章寄過來。我看到江老師書架上滿滿的都是這些藻類學期刊，興奮得不得了。跟他談著談著，可能就露出了貪婪的表情，忘情地告訴他說：「光您後頭的這個書架就讓我著迷極了，如果有幸能夠在這個暑假到你這裡實習，我可不可以翻這些雜誌？」他十分開心，他說這些雜誌每一期收到這裡之後，沒有一個助理，甚至沒有一個研究生說他們要來看。

大學畢業後，順利地考上了台大海洋研究所，我興奮地到江老師的實驗室報到。沒想到用了那裡的顯微鏡後，心中卻開始覺得不踏實了，因為讀那些國際藻類學的文章，跟我之前看到的文章已經不一樣了。以前矽藻的描述都是用光學顯微鏡來看，不過光學顯微鏡有它的極限，雖然矽藻的紋路在光學顯微鏡一千倍的放大比例下，可以看得很清楚，但是技術的發展在那時候也進入一段衝刺期，掃描電子顯微鏡出現了。掃描電子顯微鏡可以更清晰地看到立體的結構，等於進到另外一個層次上。簡單來說，光學顯微鏡看到的是一個平面，電子顯微鏡看到的則是一個立體構造，而且還是幾萬倍的放大。

同一個觀測對象，在不同的顯微鏡下，呈現的幾乎是完全不一樣的影像。總之，我羨慕極了，我那貪婪的表情可能又出現了。我問江老師，你知道台灣哪裡有掃描電子顯微鏡嗎？一開始他說不太確定，隔了幾天，他很開心地告訴我說，輔仁大學生物系剛買了一台，但是他們不開放使用，就算開放，也一定要付費。

我秉持一貫的無賴玩笑說：「您可以幫我出點費用嗎？」江老師不置可否，但他應該也被我的積極點燃了某種熱情，要我先去了解費用，看看能不能從研究計畫來支付。我跑到輔仁大學去打聽，知道當時他們生物系有兩位講師，專門管電子顯微鏡。我先去找系主任，是個外國人，跟對方談了一個小時，後來發覺都是我在講話，告訴他我為什麼需要這台顯微鏡……。結果他竟然同意了，但是他說，電子顯微鏡是精密且昂貴的設備，他只能請那兩位講師評估，適不適合讓一個外校碩士班一年級的研究生，使用系上最新的設備。

系主任帶我過去，留下我獨自面對那兩位講師，我當時並不知道他們是夫妻，先生叫做王重雄，女士叫做羅竹芳。當時他們還默默無名，後來都成了極具威望的大學者。兩人後來都到台大教書，羅竹芳還當上了理學院院長，退休之後轉到成功大學當生命科學院院長，成為成大的第一招牌。當年他們告訴我說，既然系主任同意，你就來用，但是不能獨自操作這台設備。你若要來，要提前約時間，我們兩個就陪著你做你想做的事情。後來，他們兩位就發覺自己犯了很大的錯誤，因為我非常頻繁地出現，上午一早就到，他們就要陪我坐一整天，而且我的標本量很多，他們又得按照當初的承諾，幫我操作設備。因為不准我碰，我只得在旁邊一直說，我要看這個那個，要放大多少，要旋轉幾度……，快把他們搞得耐不住性子了。

在當時，能夠看清楚複雜、精細的矽藻，是藻類學的時尚，也只有那些發達國家的富裕實驗室才能夠做到這一點。後來，我留學回台灣以後，再跟這兩位前輩見面時，他們總會反覆地笑提當年被我折磨的故事。

大學畢業之前，我就發表了兩篇英文寫的文章，其中之一談的是澎湖的矽藻。大學的某個寒假，我帶著顯微鏡以及處理矽藻所有需要的工具，加上一台簡單的離心機，到外婆家去。每天天一亮，我就到各處海岸邊，刮下岩石上可能有矽藻的東西，例如海綿，帶回來後要擠汁，把在海綿裡頭的矽藻擠出來，當然也蒐集起附著在海藻葉上的矽藻。那時每天都頂著冷得不得了的寒風出門，這跟小學時候去找刻墓碑同學的情境是不同的，因為無論如何，那終究還是在乾燥的陸地上行走，而蒐集矽藻，則要不時在海水裡泡著，接受更強的風吹。在那種「風蕭蕭兮易水寒」的場景下，不知為何，心中也會升起一股英雄冒險的榮耀感。

那是在台大很精彩的兩年，生活如果可以被準確地分割，我有一半的時間在製作標本、觀察標本，另一半的時間，則是在尋找可以成為標本的矽藻。我深深地被那些美麗的圖樣所吸引，好像它們是一幅幅充滿隱喻的地圖，指引我往美好的方向前進。

找到一株美麗的「胡蝶蘭」

美好的方向果然指向一位美麗的女子。那正是一門「海藻學」的課，教授很嚴格，上課時間一到，教室門就會上鎖，比他晚到的學生是不准進教室的，偏偏海洋研究所是在離校門口最遠的距離。那是開學第一天，教授興許是忘了鎖門，課講著講著可能過了半個小時，有位女同學推著門進來，還一臉惺忪，自帶光芒般地走進教室裡。人家說她叫胡蝶蘭，我說，喔，這名字有印象。還在上課時，就想著下課後可以用什麼方法認識她。

我對迷戀的事物一向很積極，第二次上課，下課時，我就先上去打招呼，告訴她說：「海藻學這門課很難喔，我有海邊的採集經驗，你光上課是沒有深刻印象的，不過別擔心，這個領域我很熟……」然後她帶著她的同學，一起到我辦公室去。我們研究生共用一個大房間，那也是我做標本的地方，所以他們來的時候，第一件事就是炫耀那些漂亮的矽藻照片給她看，接著看我正在做的螃蟹標本。我跟這位胡蝶蘭女士約了兩件事情，一是到海邊去採海藻，也就是之前答應的要為她補

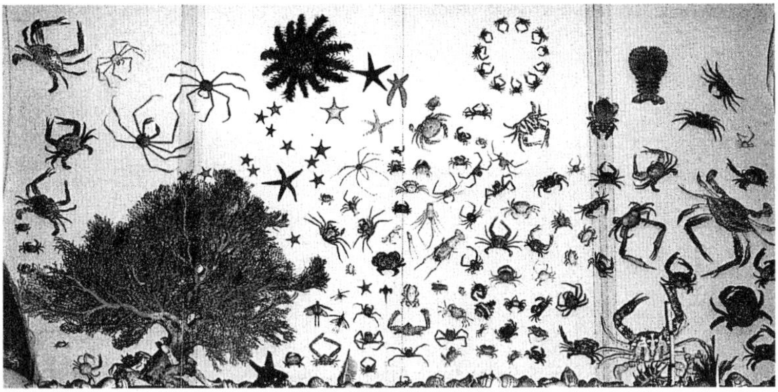

我的螃蟹標本牆。

課；另外，則是晚上到漁港一起去找下雜魚堆裡的古怪底棲螃蟹。

滿載珍稀螃蟹的歸途，我提及宜蘭深山老林裡有個奇景，到了夜間整片樹林發光，銀白色的螢光來自枯葉上的真菌菌絲，它們卡在枝枒及落在地上，如此耀眼的立體夜光森林，既不聞於媒體，也不見於科學文獻，光聽敘述就很迷人，她欣然同意共遊。

於是我規劃了四天三夜的旅程，五個人同行，睡在一個帳篷裡。那個夜晚，就如同此刻的這個夜晚，蛙鳴聲時大時小，好像真的有一個看不見的指揮，告訴牠們什麼時候盡情地唱歌，什麼時候保持安靜，這是萬事萬物的秩序與規律，如同詩歌裡說的，言語有時，靜默有時，生有時，死有時。那時候我研究所二年級，一九七七年，我的愛情也在那個時刻發出芽來。

當時我們很自然地走在了一起。胡蝶蘭的父親是被派到台灣來接收台灣紙業公司的，是一位律師兼會計師，但在她九歲的時候就過世了，她母親一個人帶著四個孩子，非常強悍地生存了下來。雖然失去了父親，不過良好的政商關係與人脈都保留下來。我記得曾聽她說過一個故事：有一次，她父親跟張大千搭同一班飛機，而且就坐在隔壁，兩人相談甚歡，張大千心血來潮，就請他把一幅畫與一封信帶回台灣來，轉交給他的兄弟，還送了另外一幅畫給他，以做為答謝。

不過，做為一個生物學家，我深深知道，所謂戀情的發展，老實說不該僅只是一種抽象的命定，那裡頭一定有不少的成分，是極為生物性的。例如常有人說「一見鍾情」是一種愛情的化學作用，歸根究柢，那的確是一種 chemistry，或者說，一種性的分子。簡言之，每個人身上都有著差異相當細微的氣味，你聞到了，但你並不知道自己聞到了，很多思考與行動，都深深被這個性的分子所影響。

比如，她之後一個重大的人生選擇。以她的家庭、她的環境，幾乎沒有選擇就是會去美國念書。而且我認識她的時候，她其實已經把所需要的托福考試、相關文件都已經準備好了。但是，因為我們的相遇，她選擇留了下來。我不確定是不是因為氣味啊、性的分子的關係，但我知道她留下來，對我來說，是很重要的事。

又是一陣大規模的蛙鳴，將我拉回到現實之中，我不禁想到此刻的她是否已在深沉的睡夢中，她會跟我一樣做著同一個夢嗎？在夢裡，我們都回到了那個閃耀著銀白色光芒的森林。

第三章
敲不完的門
與生命的時差

We move above the moving tree
In light upon the figured leaf
And hear upon the sodden floor
Below, the boarhound and the boar
Pursue their pattern as before
But reconciled among the stars.

— T.S. Eliot, Burnt Norton, Four Quartets

樹葉的光影交錯
我們在搖晃的樹上移動
在濕潤的地面上，我們聆聽
下方，獵犬和野豬
追求著古老的生存模式
卻在星辰間和解了。

——艾略特，〈燒毀的諾頓〉，《四個四重奏》

第二天清晨至中午
06：00～12：00

成功嶺上的生物課

胡蝶蘭選擇留在台灣，我則在成功嶺服役。台灣男人講到兵役，十之八九都是辛苦不堪的回憶。不過我現在想起來，卻覺得充滿樂趣，或者應該這麼說，我很善於自己找樂子。數饅頭的日子裡，我就跟我們的班長說，在成功嶺這個地方，反正怎麼打靶也打不了幾顆子彈，現在誰還用刺槍術去殺敵人？既然如此，我們弄點好玩的。我說，你看整片成功嶺都是草原，那些蝗蟲啊，各種各樣的昆蟲就那樣子飛，我們就讓大家來抓，也算是訓練反應與適應環境的能力。抓來之後，我還可以教大家做標本，增加一些科學上的應用知識與實務技能。

現在聽起來是一個有點荒謬的建議，不過對一向堅決反戰的我來說，這可能是對軍事教育的一點點反抗。或許是我認真的神情與態度說服了長官，總之，那是一個單純到只要你夠認真、夠相信，這個世界就會對你有所回應的時代。

白天帶著阿兵哥捉昆蟲、做標本、上生物課，晚上另一大段百無聊賴的時光，我則用來「寫劇本」。那是個紀錄片的腳本，就叫做〈河口沼澤的奧祕〉，場景設定在關渡，我把那裡的生態環境，水筆仔、彈塗魚、招潮蟹什麼的，都寫了進去。那時候，拍電影已經是很新鮮的事，拍紀錄片更是前衛得不得了，更何況是一部「生態紀錄片」。但我當時沒想那麼多，也沒有什麼遠大的抱負，更不是想當導演，就是覺得我有大把時間，想要用最真實的方式將土地上美麗的事物記錄下來。以前我會做標本，後來學會了拍照，如果有機會可以拍成紀錄片，是不是就一步一步更趨近於那個最真實的狀態呢？

那時有一部很熱門的電影叫做《西施》，我把電影播放到最後的製片單位「台灣省電影製片廠」記了下來，休假的時候，查了地址就直接去人家的公司「敲門」。完全沒有想到那天是週末放假，還好遇到了個製片助理，打聽了廠長家的地址，繼續我的「敲門之旅」。我還記得廠長姓葉，人非常客氣，但看見一個剃平頭穿軍裝的阿兵哥特地來找他，還是不免有些驚訝。我拿出我寫的紀錄片腳本，簡介了一下，廠長當場沒有表示任何意見，一副不置可否的神情，不像是在針對腳本評估，更像是納悶眼前這個有些唐突的年輕人，是不是有什麼特殊的背景？很快的，成功嶺上的訓練結束了，我被分配到航海學校進行第二階段的受訓。

才剛去沒有幾天，航海學校的校長就來找我，他說學校收到海軍總部的公文，表示台灣省電影製片廠想要拍一部片子，要借調你去幫忙，我就理所當然地出公差拍片去了。導演當然不是完全照著我的劇本走，我就像個顧問的角色，一開始只針對內容給予學術意見，但是拍到後來，我發現對於「怎麼拍」這件事好像更感興趣，小時候那個美術班的靈魂又被召喚了出來。我跟導演說，鏡頭裡如果有人，會讓觀眾更親近一些，如果還能划船，從水上的視角拍回來，畫面感覺更豐富。導演幾乎照單全收，連我建議的女主角人選也是，於是，胡蝶蘭小姐就入鏡了。

我與胡蝶蘭的感情發展日趨穩定，服役差不多一年左右，必須為下一步的生涯做明確的打算。動物的遷移深受環境的影響，人類某種程度上來說也是如此。一九七九年中美斷交，但實際上台灣與美國民間非官方的各種連結，卻不是說斷就斷的，整個社會也還是處於「來來來，來台大，去去去，去美國」的時代遺緒中。我不能說不被環境影響，但觀之主客觀因素，我所要追求的知識與世界，的確要在

當兵的公差任務，到河口沼澤拍紀錄片。

胡蝶蘭是女主角不二人選。

國外才能獲得。總之，當時覺得自己唯一的選項，就是出國念博士學位。

那時候要出國念書，直接找教授是最有效率的方式，我心中已經盤算過幾個可能性，第一位是英國藻類學會的會長法蘭克．朗德教授（Professor Frank Round），他是國際上很知名的一位學者，我們曾經通信討論過學術上的問題；另外兩位教授，一位是加州大學聖地牙哥校區（UC San Diego）斯克利普斯海洋研究所（Scripps Institution of Oceanography）的班傑明．沃卡尼（Benjamin Elazari Volcani）教授，另一位則是沃卡尼在南加州大學教書的學生。他們都向我要過我寫的文章，我和他們都有一些聯絡。當時的學術交流狀況通常是這樣的：對方想要閱讀我的論文，我把文章寄去時，也順道請教一些問題，所以就有了往來。後來決定出國念書，我就問沃卡尼說，可不可以到你那兒去。現在想起來，倒也像是另一種「敲門」。

沃卡尼是一個典型錙銖必較的猶太人，他的回信說，我沒有太多研究經費，你可以到我的實驗室，但必須自己籌措費用。當時我已經有了國際扶輪社的獎學金，費用上還過得去；另外出國之前，我接受了動物系一位教授的建議，他說，我拍了很多螃蟹的照片都很不錯，台灣還沒有出過以螃蟹為主題的郵票，要不要送一套去談合作？

那時候心中根本就沒有什麼「謀利」的概念，僅僅因為蒐藏興趣，拍下了大量的照片，那樣的影像紀錄除了最基本的備份與觀察的功能之外，長期拍攝下來，似乎也在追求一種美感，建立了一種影像的風格。我一樣沒有想太多，又去「敲郵局的門」，挑了幾張幻燈片給他們，建議對方考慮出台灣的螃蟹郵票。這原本不抱任何期待，只是因為覺得有趣、覺得可行，就付諸行動，沒想到到了美國半年後，我意外收到一張來自中華郵政的支票，上面是一筆豐厚的費用。同一年，中華郵政出了一套四張的螃蟹紀念郵票。

民國七十年，以我的螃蟹照片推出的郵票。

生命的時差

慢慢地，周遭的聲音愈來愈多，不同於深夜，聲音中還有一份醒轉的意味，我猜想應該是接近清晨的時分。雖然在山谷裡，晨曦第一時間還沒辦法照射進來，但我推測我應該快要熬過一天中最冷的那個時段，心中那份無力感也好似霧氣淡薄了一些。話說我對野外的環境並不陌生，也有一些求生的知識與技能，但那都是在身體健康、心智清明的狀態下，我從來沒有想過自己會在身體負傷，且頭腦渾沌的狀況下，進入這樣一種需要野外求生的情境。

雖然大致上的時間感已經恢復了，但身邊仍舊沒有可供判斷時間的東西。時間感這件事，失去了某種可以測量的標準，似乎就失去了意義；精準一點來說，時間感並非人類專有的感受，更不是一種後天被賦予的意義。在生物學上，本來就有所謂的「生物時鐘」，甚至，不同的生物可能會有完全不同的時間感。究竟時間感是如何建構而成的呢？

一般來說，對生物而言，白天與夜晚，兩種環境的差異，是建構時間感的基礎，光線與溫度提供了很直觀且感受性的度量標準。有一種說法是，生物時鐘其實正位於視網膜附近的視交叉上核，此處的神經元會依據光線的多寡，連結至松果體，藉此調節褪黑激素的分泌，進而影響睡眠周期的變化。不過，有趣的是，生物時鐘也有某種「慣性」，也就是說，即便人生活在不知日夜的環境中，也會自然發展出類似日夜規律的生物時鐘。

我的作息一向規律，如果不是遇到這個意外，現在的我應該早就安穩地在夢鄉了，然而，在生理與心理遭受到強大衝擊之後，深藏在我腦中的某個時鐘似乎也在校準中。我頻頻回想起更多久遠以前的事，我開始懷疑是不是回憶過去，也會讓大腦分泌類似多巴胺或腎上腺素的激素？也是人體的一種回復機制？沒錯，也許我正是藉由回憶與思考，度過了這難熬的一夜，在生命的時差之中，有了倖存的可能。

在光線以漫漶的方式濡濕這個山谷之前，記憶繼續引領我回到一九七九年。

一九七九年八月，我終於出發前往美國念書，隔年與胡蝶蘭結婚。剛到美國的時候，來接我的是陳樂才教授，他是我在台大海洋研究所結識的客座教授，那時他在聖地牙哥教書，在國際學術界也非常活躍。他先讓我在他家住了幾天，接著幫我找了個公寓式的房子，即便在美國只是一間非常普通的住宅，對當時的我來說，卻是一個奢華的環境。

我還記得走進屋內，要先經過一個拱形的門，拱門上頭爬滿了開著豔紅花的九重葛；穿越拱門，裡面還有一個小而完整的庭院。右手邊的第一間屋子，是一個one-bedroom apartment，臥房、客廳、廚房、廁所俱全，就是我未來的住所。開門走進去，像是美國電影裡才會出現的空間：厚重的長毛地毯、花紋窗簾、暖色系的壁紙，電器設備一應齊全。不過相對地，租金幾乎就要獎學金的一半。雖然是個非常舒適的環境，但回到現實上考量，我還是找了一位室友，將客廳的一部分租給他使用。

我最後還是找了沃卡尼當我的指導教授，去了之後才知道，他其實還是有充裕研究經費的，只是秉持著猶太人勤儉的性格，不管是面對研究工作，或是他個人的生活皆如此。總之，在他身上完全感受不到奢華浪費的一面，基本上過著非常簡樸的日子。

印象深刻的有兩件事，有一次研究上我需要用到一台比較複雜的設備，但沃卡尼教授的實驗室沒有，我知道另一間實驗室有，但必須另外收費。沃卡尼教授鼓勵我去用，我問他，你會出錢嗎？他想了想，反問我說，你多久吃一隻雞啊？我沒想太多，誠實回覆，我和太太兩個人大概一個禮拜吃掉一隻雞。他就說，那你可不可以兩個禮拜才吃一隻雞？我當下沒有反應過來，後來想想不禁莞爾。我當然沒有理會他，雞我照吃，研究的費用毫無疑義認定該由他出，沃卡尼教授終究也沒反對。

另一件有趣的事，後來我們的第一個兒子出生了，美國的習慣都會送禮物，沃卡尼教授送了一套嬰兒穿的衣服。送衣服的時候，特別囑咐我們說，我告訴你一個祕方，小孩很快就長大了，所以呢，我送你的衣服一開始可能有點大，但是很快它就會太小。一般節儉的人頂多分享到此，但是猶太人不一樣，他接著說，尺寸變小那怎麼辦呢？你就趁衣服洗濕的時候，用釘子、大頭針或夾子盡量撐開，晾乾了以後自然就變大了。

上面這兩個故事，應該算是華人與猶太人之間的某種較量或默契吧！他是我非常喜歡的一位教授，我們不只在知識上能夠交流，很意外地，在某些文化或價值觀上，竟然也有著不可思議的親近感。現在完全可以理解，當初他叫我自費來實驗室，也許只是一種測試，即便我沒有錢，他也願意收我當學生的。

與偉大頭腦的連結

在美國求學的日子，加上後來留下來就職的時間，總共五年半左右，雖然主要生活圈都是以華人社群為主，每個禮拜也有讀書會之類的活動，但過程中總會想到，未來有可能會在美國長久待下來，便有意無意地增加了許多與美國人互動的機會。

記得剛到美國不到半年，我就聽說樓上有間實驗室的研究員，他跟我一樣也喜歡拍照，專注拍的是裸鰓類生物，裸鰓類就像是生活在海洋中沒有殼的蝸牛。日本的明仁天皇，就是一位裸鰓類的國際知名學者。這類生物有個特色，牠的鰓就像花朵一樣，通常顏色非常的豔麗，最大的可能和手掌一樣大，但更多的是跟花生米一樣的大小，像矽藻一樣，在顯微鏡下有著奇麗與複雜的結構，也讓我萬分著迷。我聽說這位研究員是裸鰓類專家，擁有很多裸鰓類美麗的照片，當然就去「敲他的門」，主動表達來意，想欣賞他的收藏。

談著談著他也很開心，隔了一個禮拜主動來找我，說他很會燒飯，又有好酒，邀請我去晚餐，順便看看他的收藏。我準時赴約了，一開門，他臉上那個表情讓我終身難忘，可能我忘了跟他說會攜伴，他一直以為我一個人來，於是疑惑地看看我，又不可思議地看看我身邊的胡蝶蘭。

不過他人很好，還是非常熱忱地接待我們。後來比較熟了之後，我才知道他是個同志，那個晚餐的邀約，可能 more than a meal。不過他的另一個身分才真正讓我驚訝萬分，他竟然是我偶像的男朋友。

如果一定要我說出一位偶像的話，非卡爾．薩根（Carl Sagan）莫屬，他是一位天文學家，可以說是當時美國科普界的第一人，在美國公共電視台（PBS）上一系列的《宇宙：個人遊記》（COSMOS）節目，用既流暢又不失深度的哲學式敘述，將宇宙中的疑惑與解答，描述得十分動人。在台大海洋研究所念書的時候，圖書館裡有一本《真核細胞的起源》（*Origin of Eukaryotic Cells*），是薩根的前妻林恩．瑪格麗斯（Lynn Margulis）寫的，她更是我景仰的對象。瑪格麗斯在很年輕的時候就提出一個理論，我們的祖先細胞，遠古時吞噬了一種會利用氧氣的細菌，結果共生在一起，成了我們細胞裡不可或缺的粒線體。這套理論剛提出來的時候，被當成是邪說，但現今已公認是事實，植物細胞裡的葉綠體也是源自共生的細菌。

因此，當我知道這位「邀我共餐」的美國男子，竟然是薩根的男朋友時，真的是訝異萬分，不是因為發現薩根可能是一位雙性戀者，而是讓我感覺到好像來到了另一個世界。在這個世界裡，所有我曾經孺慕欽佩的人物，都離自己那麼近，那種突如其來的親近感，讓人有種不真實感，從沒想過薩根的男友竟然會「為我」準備一份燭光晚餐。

類似的事情，成為了某種日常，比如我曾經接待過華羅庚、陳省身等世界級知名的中國數學家。接待這件事，與一般在研討會上的學術交流很不同，彼此之間好像多了一層朋友的關係。和華羅庚去海上賞鯨，與陳省身一起下午茶閒聊，這些都是我來美國之前不曾想過的事情。像是掉進了某個時差之中，穿越了某些時空的限制，倏地，我的生命就與許多偉大的頭腦和心靈，有了實際生命上的連結。

跳著舞的矽藻

在美國求學的後期，生涯規劃開始浮現了一些可能的輪廓，老實說，回台灣不是一個優先的選項，那時我心中主要盤算著兩個可能性。一個是如果有機會到美國國立自然史博物館（National Museum of Natural History）應該滿好的，但是一直沒有等到職缺。那只是一個心中的想法，我也知道成功機會很小，畢竟那是公立博物館，基本上要有美國籍或永久居留證才進得去。另一個期待是去夏威夷大學，源於我對夏威夷的印象極好。

當時我有位好友叫趙丰，他可以說是我們留學生華人圈的老大，塊頭大、個性豪爽，他的太太也熱情好客，我們兩家相處起來非常愉快。當初在聖地牙哥的時候，有一天我們一時興起說，過去都是開著破車去露營，這次要豪華一點到夏威夷旅遊。那時很少學生有這樣的「壯舉」，但對我來說，生活中的每一個選擇，都像做實驗一樣，都該是想像力與實踐力的結合，必須要先有一個大膽的假設，再謹慎地推演，那個永恆的答案才有可能被發現。

我們兩家一起到夏威夷待了幾個禮拜。夏威夷有四個大島，我們安排好行程，一個島、一個島地拜訪，結果就此愛上了夏威夷。那真是個美好的地方。以物種來說，它是一個演化的天堂，我到他們的博物館看，裡面不是斷裂的知識陳列，而是一幕又一幕正如博物館外真實展演的風景。每一座山谷都有自己獨立演化出的物種，每一個海拔高度，都保留了相對完整的生態系，人類的文明與大自然，好像在當地找到了一個沒那麼緊張或矛盾的發展關係，所謂的人與環境的共生，也許追求的就是類似的境界。

當時在心中就想，將來畢業以後到夏威夷教書，也是一個不錯的選項。不過以生物領域來說，夏威夷是個很熱門的地方，教職幾乎都滿了，也沒有人捨得離開。等了將近一年還是沒有職缺，那時候，我才想到回台灣的可能性。

另一方面，在當時的美國學術界，只有相對熱門的題目，研究經費才會是充裕的，但我研究的領域是冷門中的冷門，誰會在意一個矽藻怎麼做出殼子？這樣的研究價值在哪裡？或者說，它可能的「應用」在哪裡？我是相當務實的人，甚至某方面比我的指導教授沃卡尼還要實際。我所做的研究，在整個美國大概只能養一個實驗室，而且有極大可能只有一個研究案會獲得補助，如果在未來十年，我的指導教

沃卡尼教授看著他的生日禮物：矽藻圍著營火跳舞。

授沒有退休計畫，我想要在美國發展獨立研究，可能性也不大。

簡單來說，我與沃卡尼教授的研究領域不只冷門，還少了那麼一點「應用性」或「未來性」。他早期的成名作是發現死海生命，後半生涯則專注矽藻的細胞生物學。我是他的關門弟子，相差了三十八歲，喜好相同，老少情誼甚篤，常在海邊共餐談話。他六十五歲生日時，我畫了一幅矽藻營火晚會當作禮物。那幅畫的中間是一團熊熊的烈火，黃的紅的，周圍是一群矽藻在跳舞。矽藻就是長得很漂亮嘛，當然都有古里古怪的樣子，就變成舞者的臉，再畫上不同的手腳動作。圍著營火跳舞的矽藻數量，正好是當時實驗室成員的人數。那張篝火晚會圖，教授喜歡得不得了。有一次到他家，發現已被裱了框放在最顯眼的地方。據說這幅畫，二十年後入了棺相陪這位熱情洋溢的教授。

我也曾列在那份「黑名單」上

我離開台灣前，那時候台灣在學術研究上的各種建制都剛剛起步，雖然不致艱困，但資源根本無法與美國比。記得在台大海洋研究所念書的時候，有一位教授離職了，所有的研究生和助理便蜂擁到他的實驗室裡，將實驗用品一掃而空，就算只分到幾根玻璃吸管，都覺得很高興，反覆地用。到了美國之後，才發現這邊的習慣是用一次就丟，一天下來丟掉的吸管是我在台灣搶到的十倍之多，足見當時台灣的學術投資薄弱到了極點。不只學生窮，教授也窮，除了一些與政策有關的研究，例如核三廠的環境影響評估之類的，可以獲得較好的資源支持，整體研究經費跟美國學術機構比起來，真是小巫見大巫。

五年多過去了，台灣的經濟已經起飛，帶動了各行各業的發展，學術做為一種產業也是如此。這時台灣的學術界似乎並不缺乏經費，少的卻是人才，尤其是以理工為主要發展導向的大學。當我看到清華大學徵求教職的訊息，我就寫了封信，再度主動地「敲門」，這一來就展開了日後與清大的關係。

我寫信給劉兆玄，他那時是理學院院長，負責籌辦生命科學研究所。「生命科學」這個看起來很新潮的名稱，基本上延伸自「分子生物學」的概念。那時候台灣還沒有生命科學所，都是生物系之類的，清大決心要發展「生命科學」，相當於開展一個新的領域，招募新的師資是件勢在必行的事。劉兆玄很快地回信給我，意思是說很欣賞我，但我不會是他們優先支持的對象，因為我的研究領域很特別，他們即便樂於接受我，卻不能期待將來會聘請更多相關研究領域的人才。換句話說，如果我要來清大，非常歡迎，但來了之後基本上就是單打獨鬥。

當時我都開玩笑地跟朋友說，我在美國快要混不下去了，所以這是一封很鼓舞的信。我熱情地回應，甚至還沒有回台灣，就打算開始寫研究計畫，申請國科會的補助。劉兆玄可能也感受到我的積極，回應說清大會準備好一筆起始的經費，請我不用太擔心。在那個時代，台灣很少有學校會準備 starting fund 給新進教師，每個人都是從零開始，沒有經費，也未必有空間。清大為了籌設生命科學所，在許多地方都做了前期的準備，這在當時的學術界是非常少見的事。所以我滿心期待，回到清華就可以快速地發展研究，但是等了幾個月，竟沒有下文了。

原來，我的招聘函送到教育部就卡關了，學校方面也不知道為什麼。我當然也納悶，寫信回家時提到我目前的狀況，父親那時在財政部工作，有些台北的朋友，輾轉問了教育部的人事處處長，姓汪，是我父親工作上的舊識，我雖然不認識，輩分上應該要喊聲汪伯伯。他去瞭解以後就跟我父親說，家維在美國闖禍要被告了。那時我才知道，原來我在所謂的「黑名單」中。

告發我的理由是，我跟中國大陸的留學生、訪問學者等人有過度密切的接觸，曾經發表過贊同三通的言論云云。我百口莫辯，也覺得無從辯起，我說話一向直來直往，也不認為自己有什麼思想問題。但在那樣的年代，人很難不被環境影響，而改變了人生的走向。說我太天真，完全不知道有國民黨特務或職業學生的存在也不太對；應該說，我的整個留學時期，很少把這件事放在心上，就是醉心於我的研究中，與人自然地來往。因此，即便後來我知道是哪一個同學，把我的資料告到洛杉磯的辦事處，也並沒有真的對他有太多的怨懟。

直到這件事有可能影響我的職涯，留學生活中的某些場景才突然深刻了起來。比如說，有一天我的指導教授非常突兀地問我台灣的「情況」。整個實驗室可能就是我最頻繁地和他一起吃中飯，我們在海邊的野餐桌上，旁邊飛的都是海鷗，他每天帶著一個塑膠盒，裝著簡單的西式餐點，我則帶著剛蒸過熱騰騰的中式便當，兩人吃著不同的食物，談很多生活、學術上的事情。那天他突然問我說，台灣是不是一個「專制國家」？他用的單字我根本聽不懂，後來才知道他說的是 dictatorship，那是我第一次聽到這個英文名詞。

老實說，我那時候對政治上的參與和瞭解很少，生活中反而接觸到很多來自中國大陸的學者或研究生，這些人年紀都比我們大，有豐富的人生經驗，又都是聰明的人物，所以交往起來很開心。家裡煮了晚飯，經常會約這些對岸的學者到家裡來，或是有什麼聚會，也會主動邀他們參加。有一段時間，我還讓一位剛到加州大學聖地牙哥分校的研究生直接住到我家裡，那時我們的小孩還沒有出生，有一個房間用不到。這個朋友叫吳明，父母都是當年在美國留學的學者，出生在美國，兩三歲的時候隨父母回中國，歷經文革的慘痛，再回美國念書時，已經四十歲了。

雖然這件事可能會影響我未來的人生規劃，不過我沒有太多那種被迫害、誤解的悲憤心情，生活上遇到困難就像做實驗一樣，想辦法繞道而解，一定有某個方法能夠讓事情往下推進，保持正向的心態與行動，才是最重要的事。後來我碰到了鄭安國，他那時是洛杉磯文化服務中心主任，抓到機會就跟他稍微解釋一下我的處境。台灣這邊，教育部人事處的汪伯伯也很幫忙，過了一陣子，他就跟我父親說，教育部的長官開會討論後，決定放我一馬，但特別叮囑我回來以後要謹言慎行。

我終究拿到證書，順利來到清大教書，汪伯伯的提醒沒特別放在心上，回清華園之後，還是做我想做的事，說我想說的話。隔了幾年，實驗室有一個學生突然來跟我坦白，說他就是被派來監視我、要寫我的報告的，這才想到汪伯伯當年的提醒，也許更像是一個警告。

現在回想起來，其實不僅僅是在威權戒嚴的時代，在每一種可能的人生腳本中，一個人能夠安然且順遂地存活下來，除了自助，還需要他助，這與生物界也很類似。所謂的生態系，並非只是弱肉強食的體系，很多時候，生物間也會彼此互助，以度過可能的難關，而這不只發生在同樣的物種之間，不同物種間有時候也會藉由某種「共生」的模式，為彼此提供協助。這不單單是為了物種自身的利益，退一步後設性的思考，這也維持了整個生態系的平衡。生物間猶如此，人類社會更應該慎重思考這件事的意義。

好像我就是那盆營火

隨著時間的消逝，不知道為什麼，我想起了愈來愈多原本以為記憶模糊的往事，心中不禁這樣揣測，如果說生命中的每一件小事，都占去了人類大腦裡的某一段記憶存取的空間，那麼如何有效地使用這個空間，也許就是趨吉避凶的最大關鍵。人類與動物有許多不同，其中之一便是人類有非常強大的記憶能力，這個能力讓人們得以透過各種形式的學習，來讓自己與整個群體在面對不同的環境下得以「演化」，進而「生存」。生物學上有一個傳統的命題：「為什麼是人類這個物種，主宰了目前地球幾乎所有的資源？」這當然是個多重因素決定下的結果，但無論有多少遠因近因，或還沒有被提出的假說，人類擁有其他生物難望其項背的記憶力與學習力，應該是最主要的因素之一。

不過，記憶也可能會讓人受苦，依循著某種生存的本能，相較於一般的日常事件，人類對於失敗、受挫等事件，總是記得特別深刻，這可能也是人類會有各種複雜的心理疾病的原因。一方面，我們的潛意識拒斥著所有感到不舒服的經驗；而另一方面，我們的生物本能，似乎又促使我們從這些令人不愉快的事件中，發展出適應的方式，兩種力量拉扯到最後，若找不到一個平衡點，也許就成為所謂「創傷後壓力症候群」（posttraumatic stress disorder）的生成原因。

我的人生絕對不能說沒有挫折或失敗，不過我從來不讓自己陷入那樣的情緒太久，什麼事情碰上了，搖搖頭就把它忘了。這個「忘」是很重要的事，不是真的在記憶中把它抹殺掉，而是不讓它持續地困擾自己。「科學」一點來說，適應與演化的前提是承認與接受，承認自己的失敗，接受自己的不足；有了這個前提，生命演化的動力，自然而然會帶領你到下一個更適合你的地方，成為一個更好的你。然而，對照此刻我的處境，或許我現在就該承認，此刻的自己正面臨生命中最重大的困頓。

有一股深深的無力感，沿著地面從背脊冷冽地襲上，我不太清楚那種巨大的絕望感，是如同深夜山谷裡的濕氣逐漸地濡濕我，或僅僅是一念之間的轉變。我只知道，面對此刻的無能為力，能做的事極為有限，只能蜷曲著身體，試著找到讓自己更舒服一點的姿勢。那就像是尋找一種「忘記」的過程，我要忘記當下的痛與不舒服，但同時在這個未知也尚未脫離危險的情境下，我又必須保持一定程度的清醒。另一個瞬間，我意識到，有沒有可能，此刻我的身心狀態正是最接近動物般的某種存在，一隻意外受傷的獮猴，或者，一頭誤觸捕獸器而奄奄一息的山羌。

不知道為什麼，這個漫長的夜晚，我腦海中總浮現出與死亡相關的記憶與意象，是感知到死亡迫近的腳步嗎？或者，這也是一種對於死亡的抗拒？我想起澎湖海邊的刻墓碑同學；想起選擇在海邊結束自己生命的墨西哥同學；想起獨自保守著祕密的父親；想起與我的畫作一起長眠的老教授。然而，我的身體愈來愈柔軟，好像這些故事帶給了我某些溫暖，我所珍藏手繪過的矽藻，全都圍繞著我在跳舞，好像我就是那盆營火，萬物朝我靠攏，包圍我，給我力量。

七顆烏鴉眼也看不見的事

漸漸感覺溫暖原來並不是錯覺，我把目光放在稍遠的地方，似乎開始看見了一點點山的輪廓。靜下心來聆聽，山谷裡的聲音也與深夜時有所差異，想是有些生物睡著了，另一些生物醒來了。這個不眠的夜晚，回憶往復來去，像是看一幕幕似曾相識的戲。總說人生如戲，但沒有人能夠彩排自己的人生，所以有人會嚮往來生，建構一種輪迴的世界觀，正是把生命看作能夠一次又一次搬演的戲劇。

我不是很確定這樣的想法是對或錯，就像有人問我相不相信鬼的存在，總是會回答他說，我從小到大的願望就是「見鬼」。眼見為憑是一個古典而實在的說法，換句話說，我所相信的，正是我所能做到的，因此一旦我願意相信這世上所有可能的事，也就有了能做到所有事的可能。

初中時讀過一本閒書，裡頭有個方子，說是用七顆烏鴉眼泡水，夜裡抹到眼睛上，就可以看到鬼了。在那之後，有好長一段時間，我見到中藥舖子，就進去問有烏鴉眼嗎？可惜一直不能如願。很久以前在美國德州農工大學訪問時，校園內烏鴉為患，站滿枝頭，又聒噪惱人。我當然熱切地向地主教授預約，要是哪天校園有共識要除鴉時，記得寄些眼珠子來。這事到現在還沒辦成，而我也無緣見鬼至今。

在我所熟悉的學界，見鬼也不是新聞，曾有位台大電機系的教授朋友，現身說法，詳細描述台大醫院捉鬼記。他們說我是八字太重或緣分未到。不過，無緣之人當然不只是我，中央大學研究電漿物理的劉全生校長就自嘲，大概是我們眼裡缺了能感應鬼的光的細胞。

我想還有個可能，是能見鬼之人的腦神經搭錯了線。我記得曾經讀過一篇文章，說平均每兩百人就有一個人有聯覺能力。聯覺現象五花八門，都像是特異功能，有些人看得到聲音，有些人聽得到顏色。而用儀器觀測聯覺者的腦神經活動，顯示他們並非瞎說，特異的能力可能源自鄰近神經先天的誤接。因此，見鬼可能是聯覺現象之一，境由心生，才自認是見到了鬼。

山谷間樹影幢幢，說是萬籟俱寂並不真確，隨著感官的恢復，我可以分辨出愈來愈多細微的聲響，這之中是不是也有些「鬼聲」，我並不清楚。但在真正天亮以前，我還想「看見更多」，幾乎可以說是刻意地閉上眼睛，知道這是此時的我所擁有的「特異功能」，只要我想，彷彿可以帶自己回去生命中的某些重要時刻。

那是一九八五年的七月，我已正式回到清華半年，沈君山擔任理學院院長，同時兼任生命科學研究所的所長，我們之間偶爾有一些往來對話，但是沒有太值得談的事情。一直到一九八六年的年初吧，我突然接到沈君山的電話，電話中他請我立刻跟他去美國一趟，他需要一個隨行的書記，明白說就是個小跟班。我想想也沒有任何推卻的理由，應該就是同一通電話，我立刻回覆他說好啊，好像我早就知道這個邀約，正在等他開口。這一秒才剛滿口答應，下一秒回到現實，立刻想到自己的護照與簽證可能都過期了。

那時候去美國是件大事，要到美國在台協會辦簽證，光是預約面談可能就要等上好一段時間，相關的文件還要送到香港核可後，再傳回台灣。再加上當時正好過農曆新年，美國在台協會也不上班。我稍微問過周邊的人，大家都說這是不可能辦成的事情，只有沈君山毫不以為意，他說，我們就約明天早上九點鐘，在美國在台協會門口見面。

在那裡，他直接帶我穿過大門進到裡面，毫無阻擋。他的臉就是一張門票，就是一個邀請卡，對方似乎已經事先得到通知，毫不猶豫地就幫我把美國簽證當場辦好。那時我才知道，沈君山除了是人們口中高不可攀的「四君子」之一，跟美國的關係也好到完全不必受規矩的束縛。快出發了，我就毫不客氣地問了他更多問題，把他當作稀有的物種一樣看待，想要知道更多細節。他就在辦公室裡拿了一些書信給我看。那裡面有幾封來自蔣經國的信件，在在說明了沈君山扮演著執政黨與反對派人士之間一個非常重要的溝通橋樑，他當然也跟我談他和美國之間的關係，讓我認識了他另外一個社會身分的存在。

跟著沈君山到了美國，直接前往華盛頓特區（Washington, D.C.），住在萬豪酒店（Marriott Hotel）裡。那年冬天冰封，沈君山約來許多位學者，都是在美國的生命科學界非常有成就的華人，印象中包括哈佛大學生物系的系主任王倬，還有約翰霍普斯金大學（John Hopkins University）的黃秉乾和他夫人黃周汝吉，在舊金山的王正中，以及後來在國家衛生研究院擔任院長，回台灣創辦中研院生物醫學研究所的吳成文。到了現場之後，才發現我參與的是某個「歷史時刻」，有那麼一群在美國最重要的華人科學家，集結起來談論台灣清華大學生命科學院的未來。能夠見證這一切，那是七顆烏鴉眼也辦不到的事啊。

會議整整談了兩天，我擔任會議記錄，在離開美國前就把記錄整理好，綜合大家的看法，清華大學生命科學院的發展架構，大概就依著那次會議所討論的方向推進。那是我接觸這些學術界前輩一個很難得的經驗，也跟他們都變成了忘年交。之後他們陸續回來台灣，創辦了中研院的分子生物研究所，以及生物醫學研究所。每個人回來當一任所長，在當時也促成了中研院與清華大學的密切合作。

經過這一次親切的接觸，讓我和沈君山之間有了更多的話題，距離拉近了不少。從美國回來之後，隔不久我又前往德國的世界植物學大會，會議中突然接到通知，父親急著找我，說清華大學想要及早知道我是否願意擔任生命科學研究所的所長。那時我還只是個副教授，剛剛回國一年多，後來才知道除了沈君山力薦之外，那幾位重要的華人科學家也明白地推薦了我，至此，我似乎也沒有拒絕的理由或空間，不能說是當仁不讓，但自己也參與了某個「歷史時刻」的榮耀感油然而生。一九八六年的暑假，我開始了行政工作，更沒想到的是，往後幾乎都沒有間斷過在學術界裡擔任行政職位。

榮耀感之後，隨之而來的就是責任與壓力，一個研究所裡最年輕的成員擔任所長，當然有某些尷尬存在著，但還好我向來是不怕尷尬的人，不太在意他人的眼光如何評價，就像是我會願意為所有我認為值得做的事，不怕尷尬地「敲門」。印象中最深的幾樣事情，例如系所的新大樓蓋好了，我堅持不設置所長室，然後請大家沒事爬樓梯，少坐電梯，減少電費；另外，我也把所裡的財務百分之百公開，用意其實是讓所長不去分配任何不讓別人知道的經費運用等等。這些舉措的背後，沒有什麼老練世故的政治盤算，僅僅單純地希望做為一個學術機構主管，可以盡量降低行政工作的負擔，這樣才不會偏廢了原來的學術研究，而那才是一個學術機構可以持續發展的動力。

正當我覺得一切都上軌道之後，另外一通不在預期的電話打來了。

第四章

你怎麼精準的飛到該去的地方呢？

What we call the beginning is often the end
And to make an end is to make a beginning.
The end is where we start from. And every phrase
And sentence that is right
(where every word is at home......)

— T.S. Eliot, Little Gidding, Four Quartets

我們所稱之為開始的，往往是結束
而結束也意味著開始。
結束之處即為我們的起點。每一個詞句
每一個正確的句子
(每個詞都適得其所……)

——艾略特，〈小吉丁〉，《四個四重奏》

第二天中午至傍晚
12：00～17：00

餘裕時代的起點

那通電話來自當時已任校長的劉兆玄，開門見山就表示希望我當他的主任秘書。我向來欣賞這種「直接敲門」的作風，因為自己也是如此，沒想太多就答應了。那約莫是一九九〇年的事，也許是經濟起飛後帶來的某種影響，人們開始出現「餘裕」，不只是經濟上的餘裕，更重要的是開啟了思考上的餘裕。九〇年代的台灣是一個「狂飆時代」，人們對於未來充滿正向的期待，每一個行動的背後，可能都是一個全新且帶有突破限制意義的選擇，在社會的各個領域中如此，大學校園裡亦然。我與劉兆玄一起推動了許多事，其中一件印象深刻的，就是清華大學八十周年的校慶。

這整件事基本上是校長的主意，我負責執行。我們想要把陳省身、楊振寧、李政道和李遠哲這四位知名校友一起邀請到清華來同台。這件事難度之高，已經接近瘋狂，不僅僅因為這個名單裡有三位諾貝爾獎得主，一位沃爾夫數學獎得主，而且四位都是世界級的大師，行程自然也是全球性的，在那個交通、聯繫通訊都不是那麼便利的年代，即便順利取得大師的首肯，距離真正成行都還有一段不小的距離要努力，何況當時楊振寧、李政道二人失和，已是公開的祕密，更讓這個任務加倍困難。好在，我們有「貴人相助」，時任中央研究院院長的吳大猷先生是楊、李兩人的恩師，他知道我們有這個規劃，欣然同意擔任中間人，為我們邀請這兩位國際重量級的學者。

終究，我們順利地安排了四人同台的校慶活動，消息一出，不只清華校內轟動，也吸引了媒體的關注，用現在的話來說，是一次很成功的公關活動。記得校慶當天，我們和四位大師在學校的百齡堂招待所吃早餐，邊吃邊聊就說起，新竹清大和北京清大是同一天校慶，不過兩方這麼多年來，從來沒有聯絡過。忘了是劉兆玄還是我的提議，我們與四位大師說，今天難得啊，何不寫一封信祝賀北京清華校慶，畢竟四位也是校友。信很快地擬好了，上面有著劃時代的四人簽名，我馬上找

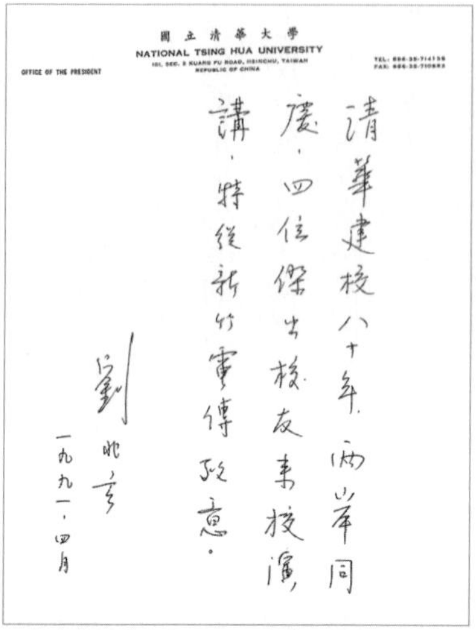

國立清華大學
NATIONAL TSING HUA UNIVERSITY
101, SEC. 2 KUANG FU ROAD, HSINCHU, TAIWAN
REPUBLIC OF CHINA
OFFICE OF THE PRESIDENT

清華建校八十年，兩岸同慶，四位傑出校友來校演講，特從新竹電傳致意。

劉兆玄
一九九一．四月

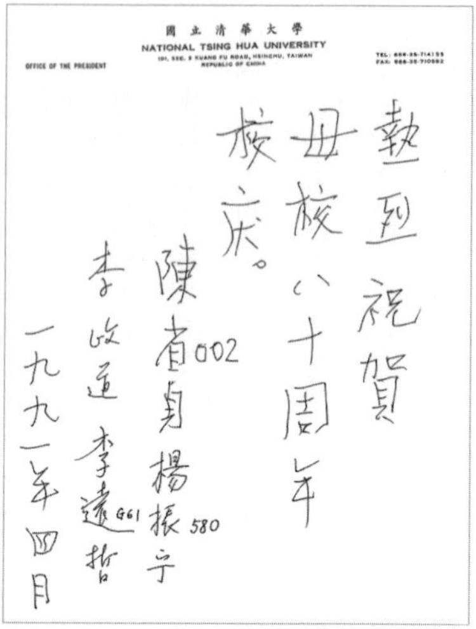

國立清華大學
NATIONAL TSING HUA UNIVERSITY
101, SEC. 2 KUANG FU ROAD, HSINCHU, TAIWAN
REPUBLIC OF CHINA
OFFICE OF THE PRESIDENT

熱烈祝賀母校八十周年校慶。

陳省身 002
楊振寧 580
李政道
李遠哲 961
一九九一年四月

四位大師的簽名信，同賀兩岸清華大學八十周年校慶。

電話傳真，過了十分鐘，沒有回應，那股想要「直接敲門」的衝動又上來了，決定直接打電話過去。

電話撥通，我簡短說明了來意，再提醒對方，剛才從台灣新竹清華大學傳真了一份有「四位大師」簽名的祝賀短信。接電話的人似乎半信半疑，我聽見她扯開嗓門，請同事確認傳真，靜默了一分鐘左右，突然，電話那頭就跟炸鍋了一樣，一陣歡呼，「真是台灣來的！真是台灣來的！」一位女子在那邊叫喊。兩岸清華，相隔幾十年的阻隔，就在這個早餐談話後，重新接上了交流的可能。

後來我又去了北京一趟，劉兆玄

與我有個共識，兩岸清華如果要開啟交流，最好是由學生先開始，接著才是教師互訪、學術合作等更正式的活動。不過，那時對岸的校園裡，感受到的是一股詭異的氣氛，不知道是不是民運剛過的原因，學生們對鄧小平政權還懷有諸多不滿，在晚上我總會聽見學生宿舍區鬧哄哄地，甚至還有瓶子從樓上丟下來。前一次拜訪，我希望會晤生命科學系系主任，但最終沒有見到他，追問之下，得到的答案也很模糊，敷衍著說現在不適合。

所以第二次再到北京清華的時候，心想一定要完成這個任務，見到校長。有了之前的經驗，事前我也沒有先溝通，如果透過事先安排，那一定見不到。後來靈機一動，記得有人跟我說過，負責校長辦公室相關事務的主任是王稽康女士，清華園旁邊正好有一間花店，我就買了一大束紅玫瑰花，到校長辦公室去見主任。王主任很感動，她說，李教授我可以抱你一下嗎？這輩子沒有人送過我玫瑰花。事情後來就好辦了，我們和北京清華談成了非常好的合作計畫，隔年正式啟動。首波是學生間的交流，將北京清華生命科學系的整班學生搬到新竹清華來上暑假實習課。這樣的事情在那個時代，可說是接近「通匪」的行為，但非常弔詭地，也是同一個時代，提供了一個相對包容的空間，讓所有看似不可能發生的事都得以發生。

宇宙中最小的一艘太空船

不可能的事看似毫無脈絡，但仔細回顧，卻發現生命中的各種偶然與必然，其實如此相像；或者說，人生真的就是一則環環相扣的數學公式，再艱難的理論，都是從某個最基本的數字起始，依循著數個不同的原理相互作用，經過縝密的運算、推演，終究會出現那個「唯一的」答案。

比如說，我當上國立自然科學博物館館長這件事，就可以從一隻放射蟲【註1】說起。

放射蟲是單細胞生物，有很神奇的功能，牠們可以把海水裡稀薄的矽酸鹽，做成精巧無比的骨架，那是我很感興趣的事物，因為我做的矽藻研究也是單細胞生物，也是利用氧化矽做外殼。

在美國念書的時候，我的指導教授編了一本書，講生物系統裡矽的沉積，矽藻與放射蟲都在其中。有一天他來找我，說需要一張很特殊的照片做這本書的封面。當時我腦中立刻又出現一個「貪婪」的念頭，我知道放射蟲非常漂亮，多少年來，我一直希望能收藏一些放射蟲的標本。書裡有特別提到放射蟲在深海沉積物裡頭的分佈，以及地球科學家怎樣利用放射蟲來瞭解過去的環境變遷。那時有一個全球性的深海探鑽計畫，而總部就在我就讀的研究所裡面，所以我就請指導教授設法幫我取得一些放射蟲的標本，我來試著拍一張照片給他。

很快地，我取得了一些放射蟲標本，牠們身上有很多雜質，我就用我的睫毛固定在一根竹籤上，挑選放射蟲沾放在乾淨的清水裡洗，一滴一滴地沖洗，把牠們身上的雜質洗乾淨後，再放在一片玻璃上，

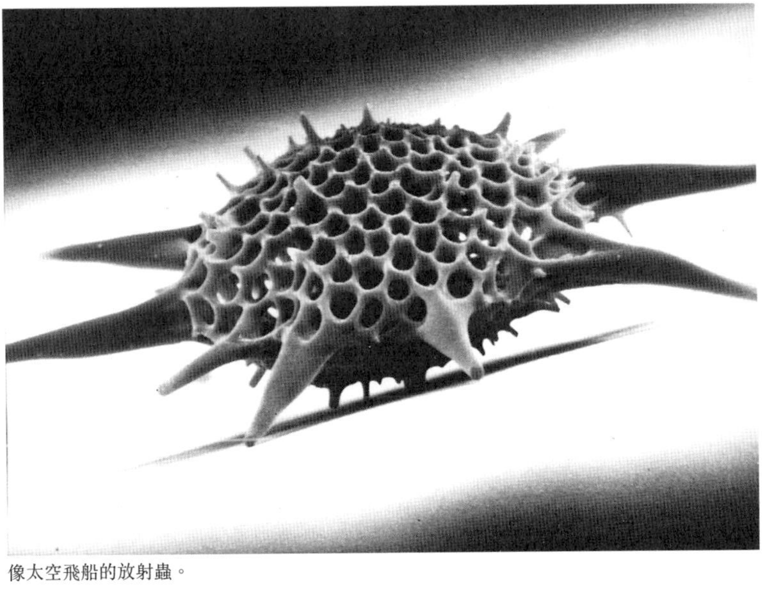

像太空飛船的放射蟲。

接著為牠們鍍上一層黃金，讓電子束打上去之後可以發出二次電子，螢幕吸收這二次電子，就能呈現出清晰的影像。在掃描電子顯微鏡底下，我一遍又一遍地精挑細選，最後挑了一個像太空船結構的放射蟲，再以非常傾斜的角度去拍照，隱約間還有一抹影子，發揮一點想像力的話，甚至有點像太空船在宇宙中航行的樣子。

這件事過了很久以後，有一年我參加一項計畫，去打撈太平洋黑潮裡的浮游生物，見到同行的有一位國立自然科學博物館的研究員，叫做程延年。開船前他談笑風生，船出海沒多久他就開始暈船了，暈得一塌糊塗，甚至受不了地哀嚎。最後船上的人一商量，決定將他五花大綁在實驗桌上。第一時間我覺得有些不妥，是否有限制自由的疑慮，不過後來工作人員跟我說，過去曾經有人受不了暈船，竟然就投海死了。聽到這裡，我當然不再多說什麼，但自然就對這位研究員特別有印象。

說也奇怪，我可能就是和一些奇人的頻率特別接近，知道他在自然科學博物館工作，更加好奇地問東問西，畢竟在美國的時候，我的夢想之一就是在當地的自然史博物館工作。後來我們成了好朋友，他是地質組的研究員，我曾經參觀過他負責的收藏，也是那個時候，知道他與他太太葉貴玉都是做放射蟲研究的。

從放射蟲到科博館館長的故事還沒結束。在清華大學我認識了一位奇女子，徐小虎教授，她是一位活力無限的混血兒，劉兆玄找她來擔任藝術中心的主任。

有一天徐小虎來找我，提到藝術中心應該辦一些跟我們習以為常的藝術不太一樣的展覽，大學裡不用重複外頭美術館、藝廊辦的那些活動。我聽了也覺得有意思，就跟她說，我認識一對學者夫妻，專門研究放射蟲的骨骼結構，以及描述牠們的種類，是典型的形態分類學家。我向徐小虎建議說，我來推薦安排一個很不一樣的展覽，把那些存在幾億幾千萬年海裡的微生物精巧的骨骼，在顯微鏡底下的漂亮影像放大展示出來，這不就是外面那些藝術中心辦不到的事嗎？

我約了徐小虎一起到科博館拜訪程延年伉儷，一提到我們想把放射蟲的標本圖片移到清華大學來展覽，兩人都面帶尷尬，顯得相當猶豫，追問之下，原來他們沒有把握科博館的館長會不會同意。我們問館長是誰？夫婦倆說了漢寶德先生的名字，徐小虎不假思索地說，我認得漢寶德啊！

徐小虎平常的習慣，似乎也是我的行事風格，我們倆毫不客氣地直闖館長室。一進門，徐小虎就摟著內斂保守且拘謹的漢寶德說話，又跟他開開玩笑，氣氛輕鬆熱絡之後，她使眼色要我講話，那應該是我第一次與漢寶德見面。我其實已經想得很透徹了，直言程延年夫妻倆珍貴的研究材料，不僅有生物學上的意義，更有藝術上的價值云云，總之就是希望能夠將那些東西帶回清華辦展覽。

對漢寶德來說，我和徐小虎的意外造訪，像是一個突如其來的驚喜，不是在挑戰他的威嚴、地位之類的，平常這些研究員要跟他這樣子談話，其實是不太容易的，終歸我和徐小虎兩人一唱一和地把漢寶德給逗樂，他當下就同意了這個提案。

再過沒多久吧，這次換我「被直接敲門」。我接到了漢寶德的電話，他說，我在你們學校門口，你請我吃個飯吧。在清大的水木餐廳裡，剛坐下來，他二話不說，第一句就是：「你到科博館來擔任副館長怎麼樣？」我好奇為什麼找我，我們只見過一次啊。他說，我覺得你合適啊，那次就夠了。

我就這樣成為科博館的副館長。像是搭上那艘神奇的放射蟲太空船，開啟了生命中的另一段旅程。

地球生物內的超順磁鐵

由太陽射入山谷的角度來判斷，現在應該已經接近中午時分，是山谷裡能見度最高的時刻。我近視很深，但足夠的光線的確讓我對周遭環境更熟悉了一點，這座山谷的山壁上，佈滿了台灣常見的筆筒樹，它們喜歡潮濕且有足夠陽光的地方，這裡的確非常適合它們。

大多數人對於這類的蕨類植物並不陌生，卻很少人知道它們是地球現存最古老的植物類型之一，比如我們在談演化，好像都只將目光聚焦在動物身上，忽略了植物其實也有自己的演化過程。蕨類植物因為比苔蘚類植物多了用來運輸水分與養分的維管束，自然長得比較高大，取得了更好的位置可以行光合作用，因此有一段時間可以說是植物界的霸主，一直要到更易於繁殖的種子植物出現，這樣的生存優勢才慢慢地被取代。

日光除了帶來溫度與更好的視野，整個山谷似乎也沸騰了起來，就我耳力所能辨別的，至少就有五六種不同的鳥類在鳴叫。與夜行性動物不同，大部分在日間活躍的動物，牠的叫聲因為要與更多「環境音」彼此競爭，因此也發展出相對豐富的聲音表現，這或許也是為什麼我們總覺得白天的森林喧鬧許多的原因。

有另一種觀察，長期以來，動物們因為人類所製造出來的聲音太巨大了，而不得不遷移原棲地，甚至被迫「噤聲」，直接或間接地影響了生物的生存發展。不過，人類自己的聲音，在自然環境中其實相對不容易傳播，這不只與發聲構造有關，也和聽覺系統有關。我們無法確定更早之前的人類是否比現在的人類，甚至比其他物種，更能夠發出無遠弗屆的聲音；然而，有一件事是確定的，相較於其他物種，人類所發展出來的語言系統，更具有傳達複雜意義的功能，這也許是我們為了突破這個生理限制所完成的另一種演化。換言之，所謂的「溝通」，或者說「傳達意義」，也是在求生存的情境下演化而成，人類和所有其他動物一樣，發出聲音不外乎是為了更好地活下去。

我不禁想到此時受困的自己，如果生物與生物間能夠彼此溝通，我是不是就可以委託聽起來在我上方約二十公尺樹梢上的台灣藍鵲，請牠為我傳遞求援訊息？就我所知，許多生物學家都在研究不同物種間，是否真的有溝通的可能，未必透過聲音或語言，肢體、手勢、行為、氣味，是否都有可能做為某種溝通的媒介？這讓我想起過去曾致力的一項研究，這項研究當時還登上過《科學》（*Science*）期刊，也與溝通有關。

在當時的科學界，基本上大家都知道有很多生物是可以感應地球磁場的，因此也很直觀地推論，生物體內一定具備某種類似磁鐵的東西來感應地球磁場，只是這個磁鐵在哪裡，從來沒有人找到過。說沒有人找到過，其實不太精準，科學家們曾經在細菌上找到過，有一類細菌是可以感應地球磁場的，牠們的細胞內就有一、二十顆的磁鐵，一粒一粒的排成一直線。

不過，在行為觀察上，明確能感應地球磁場的動物，如鴿子、候鳥和蜜蜂的體內，卻從不曾找到有什麼近似於磁鐵的構造。哺乳類動物也可能有類似的本能，科學家從空中觀測牧場裡在休息的牛隻，牠們經常也是南北向地排列著。種種跡象顯示，地球磁場顯然是很多生物與環境之間共通的一個相當重要的媒介。

我曾經到加州理工學院拜訪約瑟夫．科胥文（Joseph Kirschvink）教授，他是地磁與生物關係的專家，當時聳動的研究結論是：人的腦子裡也有磁鐵。據說他真的把人類的腦袋用果汁機打碎，並從中分離出具有磁性的物質，當然學術界很多人質疑他，是不是果汁機沒洗乾淨？又或是鋼刀上頭有掉下來的鐵屑？總之他認定，人腦裡頭也有磁鐵，但是到底在人腦的哪個位置，到現在都不知道。科學家們又衍生出一個理論，生物要感應地球磁場，只需要有很少量的磁鐵，就可以感應磁場的變化。這個理論讓證明其為真的實驗更難做了，因為一切就像大海撈針一樣，你很難找到確切的證據。

知道了這個世紀之謎後，我想這真是個好的研究題目。既然他們說蜜蜂能夠感應地球磁場，那我們就用蜜蜂來做材料。我有很好的技術和穩定的雙手，可以用鑽石刀把一個細胞切成很多薄片，或許可以在穿透式電子顯微鏡底下找到磁鐵的存在。那時正好有一位碩士班研究生，叫做徐錦源，喪氣地離開了原本的實驗室，來找我談話，之後他接受了這個挑戰。我說，那我們就從養蜜蜂開始吧。

新竹的鄉間有個養蜂場，我們就去學怎麼養蜜蜂，我跟徐錦源分工合作，短時間就大量繁殖了許多蜜蜂。我們從蜂窩裡頭把蜜蜂的幼蟲、蛹，和新羽化的工蜂個別取出來，去分析哪一個部位鐵的含量最多，再把那些看似最可疑的組織固定切片，在電子顯微鏡底下去找磁鐵顆粒。在這個過程裡，徐錦源被蜜蜂叮過很多次，還送了兩次急診。

後來我們真的在蜜蜂的肚子裡找到了一群特殊的細胞，細胞裡飽含著鐵的顆粒。蜜蜂在幼蟲吃花蜜和花粉的階段，這些細胞裡沒有多少的鐵，尚未出現一顆顆的鐵顆粒。牠羽化變成工蜂之初，會在窩裡停留幾天，才會飛出去覓食，差不多就在那個階段，牠身體裡那些特殊的細胞開始出現了一顆顆鐵的顆粒。徐錦源在電子顯微鏡下，用電子束去撞擊這些鐵顆粒，如果它是結晶態的話，就會產生繞射圖譜，不同結晶會有不同的繞射圖譜，結果解讀出有一些顆粒它的繞射圖譜跟磁鐵是一樣的，我們肯定「定位」到了蜜蜂體內的磁鐵！我們興奮極了，因為這是學術界亟想知道的答案，理應寫成一篇好文章來發表。

《科學》（*Science*）和《自然》（*Nature*）是科學界的旗艦雜誌，審稿嚴謹、能見度高，或許該是首選。這時候，黃秉乾教授就成了我們很重要的諮詢對象。我在華盛頓特區曾經跟黃教授見過一次面，後來他夫人擔任中研院分子生物研究所的所長，他也跟著一起回來台灣，接著被劉兆玄邀請到清華大學擔任生命科學院的院長。他的學術能力讓我非常折服，所以第一時間想到的就是他。他看了我們的研究資料後，大腿一拍，說這當然要投稿到《科學》期刊。

徐錦源和我寫了初稿，黃秉乾認真修改，接著姑且一試，大膽寄去《科學》期刊的編輯部。沒想到對方立刻回應說這是一個好成果，只需要修改幾個地方，就可以接納發表了。這篇文章刊登後，台灣的各大媒體都大幅度報導，因為在當時台灣的學術界，很少有文章可以發表在這樣的旗艦刊物上。

當我們收到《科學》期刊的通知，也才理解學術界的一些規矩。他們會要求作者不可以提前公布研究內容，以及要刊登的訊息給任何媒體，直到出版前的一星期，《科學》才會主動告知特定媒體，讓記者有七天的時間來進行深入地採訪與撰稿。所有媒體必須守規矩，在《科學》正式出刊的第二天，才可以登出他們的報導。我覺得這是一項很合理的學界規範，它讓即便只有短短幾百個字的科學新知，也可以有很好的大眾及學術界的回應，科普知識的傳播講求的是精準，這與現在這種講求速度與流量的資訊爆炸時代是很不一樣的。

我們的這篇文章在學界被引用很多次，甚至還編進了昆蟲學的教科書中，細菌之外又明確地找到了一個能夠感應地球磁場的生物，而且也知道這些磁鐵在哪些位置上，它的量又是如何。但是我自己清楚地了解，這只是解答了生物和磁場的關係中，很小一部分的問題，可以說是第一步，卻絕非最後的解答。簡單來說，我們的確證明了有磁鐵存在生物體內，但是「地圖」在哪裡？這是另外一個更深層次的問題，換言之，蜜蜂怎麼能精準地飛到該去的地方呢？這個問題，即使到了今天也都沒有很好的答案。

有時候我也會想，人類語言的發展究竟是為了資訊傳遞，還是某種程度阻礙了人與人之間彼此理解的可能？看看這個地球上的其他生物，即便牠們貌似缺乏像人類語言一般的事物，但是牠們之間似乎存在著一種相對和諧的溝通，牠們可能沒有很多辭彙來表達抽象的愛的概念，卻能夠很精準地以聲音或動作傳達出具體的需求。也許我對這種「直接感」也有一種迷戀，才會從小就對那些「不會說話」的事物，感到高度的興趣，每每看見那些美麗的動物與植物，我深深覺得自己也接近了某種無需語言就能心領神會的魔幻時刻。

一座真正的科學博物館

我試著站起身來，扶著山壁環顧四周，與其說這是一座山谷，不如說這是一個山壑或是山溝，即使是一個身體健全、毫髮無傷的人，沒有工具幾乎也很難徒手離開這裡。我趁著日照充足的時刻，檢查了自己全身上下，看起來沒有明顯的外傷，右眼上方的傷口也不再流血了。午後的山區，經過一整個白天的日光照射，整個空間的濕氣也沒有那麼重了，興許是光線帶來的安全感，靠在一顆大石頭上，不去看那台已經嚴重變形的轎車，突然有一種只是來登山健行暫時在山谷休憩的錯覺。

整座山谷的空間配置，就像是一座真正自然的科學博物館，我相信有上千個物種，包括我，就在這方圓一百公尺裡，自成一個「當下的生態」，生態的本質就是流變、興衰與生滅。有時候我也會想，人類將自然收納進博物館裡展示，是不是也是一種囚禁或斷裂？此刻的我，不就正是一種最好的「展示」與「觀看」，成為那「博物」中的其中一個物。

我再度回想起漢寶德，他本身是個建築師，自然科學並非所長，但是他喜歡博物館，明白地說，更喜歡的是文物館。他喜歡古董，他寫書、練字，基本上就是個文人，並不是大家一般定義下的科學家的典範，但是他知道什麼東西是好，什麼東西是美，同時也願意突破重重限制去追求那個好與那個美。我喜歡科博館，想來有一部分原因是我喜歡漢寶德這個人。

另外，世界上也很少有一個地方，像科博館那樣，可以把那麼多不同學術領域的人聚集在一起，有植物學家、動物學家、真菌學家、人類學家、地質學家、古生物學家，還有專研科學教育傳播及展示設計的研究員，這與一般我們想像中封閉式的學術體制完全不一樣。所謂「博物」，重點也許正在那個「博」字。「物」本身是中性的，但有了「博」的觀念，就打開了人們觀看世界的方式，從最微觀的到最巨觀的，都源自於人們對於「博」的某種偏執。

我擔任副館長的時候就跟漢寶德談，台中科博館該有抱負成為亞洲最重要的自然博物館，但庫房裡頭沒有多少標本，都是在台灣採的，不然就是國際上買的。研究人員要展現他的實力、建立他的學術地位，都是要自己第一手去採集到這些標本。我說，至少我們可以到東南亞、到中國大陸去採集，這都是必要做的事情。現實的狀況既然是政府不鼓勵，我們就自己來設個基金會吧！

我從朋友口袋掏錢的本領就是那時候練就的。那時候我有兩個類型的朋友，一群住在台中，一群住在新竹。例如賴正鎰，他每天早上光著腳在科博館的庭院跑步，我認得了他，幾次聊天，他一再強調科博館對台中多麼重要，我見機不可失，順著他的話就說，你既然有此感念，我們最近要成立一個自然科學博物館基金會，不如你來當我們的董事，先捐個一百萬吧。另外一個募款來源是扶輪社，當年我是拿著國際扶輪基金的錢去美國念書的，所以我給自己一個原則，就是扶輪社的邀約絕不拒絕。因緣際會，台中市的扶輪社邀請我去演講，認識了當地企業界的領袖，我也很明確地邀請他們捐錢加入董事會。

另外一群人就是新竹科學園區的科技新貴。印象深刻的是蔡力行，那時候他是台積電某個廠的廠長吧，他說很樂意捐錢，而且可以再找幾個人贊助，後來他介紹了台積電的副董事長曾繁城。印象中在台中募了七百萬，新竹科學園區募了三百萬，基金會很快成立了，兩岸合作和國際交流就此展開。

錢的事好解決，政治情勢卻是無法掌控，一九九五年閏八月，兩岸關係緊張得不得了。我們等到台海危機稍微緩和的空檔，就開始如火如荼地策劃了一檔來自上海博物館的青銅器展。但是當時大陸的文物怎麼運到台灣來，中間的保險，還有他們的工作人員怎麼申請入境等，都無成功的前例可循，開幕時程遲遲無法確認，總之就是一道道的難關在面前，整個活動好像少了一位「關鍵人物」。

我在辦公室裡喝著茶想，最終還是秉持著「直接敲門」的哲學，直接打電話給總統府的秘書長蔣彥士。那個時代談事情總要先有一層關係，推演了一下我們之間可能認識哪些人，沒想太多我就撥電話給他，電話接通先喊了聲「蔣伯伯」，其實我們壓根也沒見過面。不過並不是要來攀親帶故，我把整個事件的發展過程，以及可能產生的意義，在電話中簡要地跟蔣伯伯說明。電話另一頭的他，停頓了一下說，我可以做什麼事情啊？我說，蔣伯伯你就答應來科博館主持這個兩岸破冰的展覽開幕式就好。結果他答應了，之後所有的難關迎刃而解。

辦完上海博物館青銅器展之後我就想，該換我們到大陸去辦展覽了。大陸有它豐富的文物資源，但相對而言，台灣有對自然物的新創詮釋，以及時代先端的展覽方式，我們不只應該推出展覽到中國大陸，而且該是巡迴展，從一個城市到另一個城市，這樣一來，科博館在對岸的影響力就可以逐步累積起來。

我找了展示組的研究人員一起討論，打算從「鯨豚巡迴展」的概念開始，做為海洋世界最大的生物，這個展覽很有台灣的海島特色。在很短的時間裡，我們就把整個方案定下來，推出一套可以快速拆解，而且是一個很壯觀的展覽。我說，我們第一次到大陸去，就該用一個很不一樣的出場方式，讓大家震撼。

鯨豚展當然需要在空中懸掛一條巨大的鯨魚，最好是虎鯨，黑白對比、壯碩無比，那就得思考怎麼把這個模型運過去，又怎麼製作。鯨豚的骨骼是必要的，鯨豚的知識也必須是生動的。除了傳統的面板之外，可以有一些電腦遊戲，而且要有一堆的觸控裝置。在那個時候，台灣才剛剛接觸到觸控式的電腦，動態學習相關的知識，這種互動裝置對全世界來說都是很新鮮的嘗試。兩岸的政治情勢也有了微妙的變化，雙方急著破冰，得到從政府到民間的支持。首站有了上海完美的演出，引起相當大的迴響，接著到杭州、北京和天津等地巡迴展出了近三年。

自此，台中的國立自然科學博物館與大陸各省的博物館建立了密切的關係，往來互動友善，我們的研究人員經常被邀請去演講。回想起來，那真是一個奇妙的年代，兩岸政治局勢瞬息萬變，但好像只要我們保持自己的信念，總是能夠超越政治，完成一些看起來不可能完成的事。

大爆發的不只寒武紀

如果要說我的學術生涯裡還完成了什麼看起來不可能的事，那就是一九九七年，我和陳均遠在貴州敲化石，挖出五億八千萬年前（現在重估是六億年前）的動物化石，將動物的起源往前推了約六千萬年，也使得「寒武紀大爆發」不那麼戲劇性了。那也是我第二次登上《科學》雜誌，不過不只是台灣的媒體注意到這件事，美國的《紐約時報》、《華盛頓郵報》和德國的《鏡報》也都有大篇幅的報導。

也許是因為網路還不發達，資訊還沒有爆炸、氾濫，那時候的人們似乎更重視這類的新聞。科學上的進展或新發現，都是集體自然而然關心的事，比如登陸月球、比如發射火箭。人們不用把時間花在滑臉書、觀看短影音，關心每一台行車記錄器與別人家的貓貓狗狗，也不用特別學習如何辨別真假新聞，當時媒體的權威性便來自於它的專業與守門效果。

說起那次的考古之旅，好巧不巧，故事又要回到我的老朋友程延年身上。當時程延年提出了一個構想，他說，二十世紀不解的十大謎題之一，就是「寒武紀大爆發」，為什麼地球會突然在短時間出現大量且多樣的動物種類？做為一位古生物學者，他知道寒武紀大爆發的重要意義，有了之前與中國大陸合作辦展的經驗，是不是可以辦一個寒武紀大爆發的特展？

據他所知，最好的標本是在南京古生物地質研究所的陳均遠教授手上。我說，你給我幾天時間，我去讀讀相關的資料。在他跟我談這個話題之前，我對這個領域是非常陌生的，只耳聞過一丁點寒武紀大爆發的說法，再進一步的知識其實是空白的。讀了幾天書以後，我當然贊同程延年的提議，這真是一個太好的題目了，它是生命演化史中關鍵的事件，重點是，它還是個謎。科學就是解謎的過程，謎題有時比答案更迷人。

我們很快與陳均遠取得聯繫，也開始規劃展覽內容，還邀請他的團隊到台中科博館待了一個月，除了協助指導佈置展覽的工作，我特地安排了他們在科博館裡講課。研究人員之間知識上的交流，是多重要的事。我記得陳均遠抵達的第一天下午，我們談了很長的時間，直到晚上還用餐繼續聊。我太喜歡這個人了！他會的都是我不會的，我覺得自己簡直像泡在一鍋湯裡，一直不停地在吸收營養，那種享受的快感是不可言喻的。

然後我也注意到，他似乎也明確地表達，想找一位現代生物學家跟他合作，來解讀這個世紀之謎。因為我有比較好的顯微鏡操作經驗，對於動物的解剖結構也曾涉獵，我清楚地感覺到他對我也有點興趣。那天飯局結束之前，我就說，明白跟你講，經過這幾個小時的面談，我幾乎做了一個決定，只等你願不願意。如果你願意接納我這個學生，同時也願意我成為你的合作夥伴，那麼我在幾天之內，就會辭掉科博館館長的工作到大陸去。這對我是一個非常重要的決定。陳均遠說當然好，我們一起工作一定很好玩！

展覽還沒有開幕，我已經規劃要辭職了，大概跟陳均遠談完不到三天，我就打電話到教育部和部長約見面。那時的部長是吳京，我坐下來的第一句話就說，今天是來辭行的，請你讓我回清華大學，因為我現在有一個非常清楚的生涯選擇，但這件事當然需要你的同意。他也是一個爽朗的人，聽完了我轉述這幾天的心路歷程，輕輕一拍桌子說，就這麼決定，你回去再繼續當個教授吧。談話結束以後，「寒武紀大爆發」特展推出了，我感覺內在有些什麼也正蠢蠢欲動、蓄勢待發！

我很快就去了一趟南京，陳均遠的助理帶我去看他們的研究室，破破爛爛的，裡面有個暗門打開，還放了幾尊以前中研院歷史語言研究所留下來的標本。那時南京正在放「高溫假」，偌大的研究所裡工作人員寥寥無幾，整體環境跟當時台灣的科博館有很大差距。但那不是重點，我知道我的戰場在野外，再隔一個月，我就直接到雲南和陳均遠會合，展開長期的合作研究。第一次去待了兩個星期，他沒有多少研究經費，我也沒有研究經費支應，所以一開始等於是自掏腰包。

我們兩人都很窮，他安排我住在村子裡的村書記家。我們得有交通工具，他湊錢買了輛雜牌的摩托車，就帶我到山上敲化石了。後來才知道他竟然沒駕照也沒行照，頻繁地被警察攔下來盤查。有時候罰點小錢就算了，有時候罰的錢多，又是累犯，他就掏出破爛皮夾裡的紅色小本子，原來他是黨員，而且還是政協委員。這個政協委員的身分，主要來自學術成就，但他平時也不好意思與人招搖或自我標榜，一直要到繳不出罰款的時候，亮出這小紅本兒，就不必繳錢了。孰料我們頻繁累犯，當地公安抓到最後，政協委員這個招牌也不管用了，我就掏出台胞證試試，沒想到也還真有用。

有時工作結束，化石量多到摩托車載不下，我們還會雇輛馬車來搬運。我向來好問，很想多了解別人的生活是怎麼過的，記得有一次，在馬車上跟車伕聊天，我好奇問他，你這匹馬幾歲了？牠都吃些什麼呢？為什麼你餵牠的時候，要把眼睛給

陳均遠的無照摩托車，是我們敲化石的代步工具。

雲南澄江的化石挖掘現場，聘請村民一起敲化石，按「質」計酬。

蒙起來？這車伕一路跟我聊天，他就說，牠叫小花，快三歲了，牠挑食，這個不吃那個不吃，要吃的都是貴的，我哪有那麼多好飼料給牠吃，所以讓牠把頭埋到袋子裡，看不見，牠只好蒙著頭什麼都吃，等牠老了拉不動車，昆明有一個專門收老馬的地方，可以把馬肉做成乾，雖然是老肉了，但是也還可以吃。

不知為何，這件事我記得特別清楚，那車伕的口音、路上顛簸時搖晃的感受，歷歷在目。這樣的行為在如今的動保觀念中，也許顯得格格不入，我也並非對這匹馬被利用的宿命感到悲傷，反而是好像認知到了人與動物之間某種依存或利用的關係，先不論殘忍與否，那之中似乎有一種非常自然的共生感。

化石歷險記

我們在雲南澄江敲化石，工作地點在撫仙湖邊上。撫仙湖可能是中國水量體最大的一個湖，湖很深，最深的地方超過一百五十米，但是湖水相當清澈。我非常享受那一段日子，即便整天身體都是灰撲撲的，但是到傍晚工作結束，曬了一天太陽，找個小飯館，叫一瓶當地特產的酒「仙湖春」，加上炸馬蜂蛹，和各種叫做「粑粑」的餅，實在是非常享受的事。

那段期間裡，白天，陳均遠在工作現場教我野外的地質與古生物相關的知識；晚上，我們就喝點小酒、配點小菜，換我跟他談分子細胞生物學。雙向的交流，每一天都非常充實，是一段難能可貴的時光。

撫仙湖簡直就是人間仙境，天是如此的藍，湖水是那麼的清澈，湖裡的抗浪魚和銀魚則是當地美食，總之這個地方景色漂亮、空氣好、氣候宜人。我跟陳均遠說，如果以後我們長期在這裡做研究工作，就該買塊地，蓋間房子。兩個人一拍即合說，就這麼幹。我們真的看上了一個絕佳的地點，就在一座峭壁上，可以俯瞰整個寬闊的撫仙湖面，於是我們約好時間到村辦公室去談這件事。

時間到了，走進村辦公室，推開門什麼都看不見，因為一屋子都是煙，一群老男人就坐在裡頭，人手一隻跟炮筒相似的大菸筒，後來才知道那就是水菸。水菸筒有些是用很粗的竹子做的，少數是塑膠筒，也有一些就是炮彈殼。煙霧彌漫，我們進去了也沒有人理，大家都陶醉在那煙霧中，我嗆得不得了。終於有人抬頭看我們，最後有個看起來比較威嚴的人，用地方土話問我們來幹什麼，談什麼事啊？我們就把兩人天真的夢想跟對方談，問他們能不能在某某地方買塊地，或是租塊地，蓋間房子之類的。眾所周知，中國大陸的土地不是私有制的，這事非常複雜，尤其我們都不是當地人，反正此事就如同那水菸冒出的煙霧，消散在空氣中。不過對我們來說，即便像這樣不切實際的夢想，都想要試試，我想這可能是我和陳均遠性格上最相近的地方。

那段期間我們採到的化石數量也不少，只是沒多久就注意到，在工作的時候，遠方經常會有不同的車子停下來，有時候還會有人用照相機或攝影機朝我們這裡拍。一開始我們不以為意，後來發現好像有點不太尋常。終於有一天，一群人跟著公安到村書記家裡，直接盤問我們在做什麼。陳均遠跳出來跟他們理論，但顯然溝通無效，結果就是把整批的化石全部運走沒收，說我們是在盜採化石。

原來陳均遠雖然是中國科學院的研究員，但雲南省政府也有自己的地質研究單位，中央把人送到地方沒有事先商量，省級的科學家就有些意見，甚至有人向地方政府通風報信說，我這位李教授沒有經過核可，就到雲南參與這裡的研究工作。事情延燒到後來，陳均遠在我離開昆明的前一天，帶著我到雲南省政府的地質研究所打招呼，也算是正式拜碼頭。但事情沒有那麼簡單，我在機場出境時被攔截下來，海關把我帶到旁邊，徹底地搜身，又把我的行李全部打開，非常仔細地檢查。陳均遠當場崩潰，又氣又罵，那麼大一個男人當場流下眼淚，因為他覺得對我非常不好意思，同時也覺得地方政府太過分。終究我狼狽地離開了昆明，回到台灣。

不過真的印證了那句老生常談「危機就是轉機」。回來以後，過一陣子陳均遠就跟我說，他將這件事的來龍去脈反映給中國科學院，在很短的時間內，中國科學院與地方政府達成協議，我們挖掘化石的那些地方，將會正式成立一個單位，叫做「化石辦」。化石辦就要有官員駐守，去那裡工作就要有核可等等。化石辦的管理者相當於一個局的局長，算是澄江縣政府底下的一個分支機構。

再隔了幾個月，陳均遠寫封信給我，說他被要求擔任雲南省政府的代表，邀請我再回雲南。這次顯然就非常正式，我去了之後，他們安排了飯局和對談，然後跟我表示抱歉，甚至聘我做雲南省政府的科學顧問。

這次前往雲南之前，我和陳均遠就有個共識，我們暫時不要在雲南發展研究了，因為這個地方是非太多。評估之後，覺得轉移陣地到貴州去，也許是一個好選擇。現在回想起來，當時的每一個決定都是環環相扣的，如果不是發生了前面這一段波折，引發了這個小小的轉念，我們後來也不會在貴州瓮安磷礦中，發現地球上已知最古老的動物化石。

故事大概是這樣的，一九九七年我在貴州的工作告一段落，回台之後，請科博館地質組的鍾坤煒幫我把帶回來的岩石磨成薄片，如此可以在顯微鏡底下看到薄片裡頭的化石結構。同時，我也把這一批岩石用醋酸浸泡，移除碳酸鈣後留下很多圓球顆粒。這些顆粒在幾年前已被大陸的古生物學者見過，被認為是由多個單細胞聚合的團藻之類的化石。

果不其然，我也觀察到了類似的構造，但不解的是，如果是團藻的話，細胞應該只出現在表面一層，中間是空著的，但是這次我看到的並非如此，就像是正在分裂的胚胎一樣，有些是分裂成兩個，或是四個、八個、十六個的構造。好巧不巧，前幾個月，我曾在《科學》期刊的一篇文章裡看到過，有科學家發現了寒武紀早期的動物胚胎，我把文獻找出來比對，果然跟我手上的這批觀測物相似度很高。興奮之餘，我就使用更好的顯微鏡，將這些化石做了很仔細的觀察。最後我得出結論，這些是五億八千萬年前的動物胚胎化石。

這是一個很大膽的說法，因為過去科學家都無法明確找到比寒武紀更早以前的動物化石，所以只能暫且標記五億四千萬年前是所謂「動物開始出現在地球」

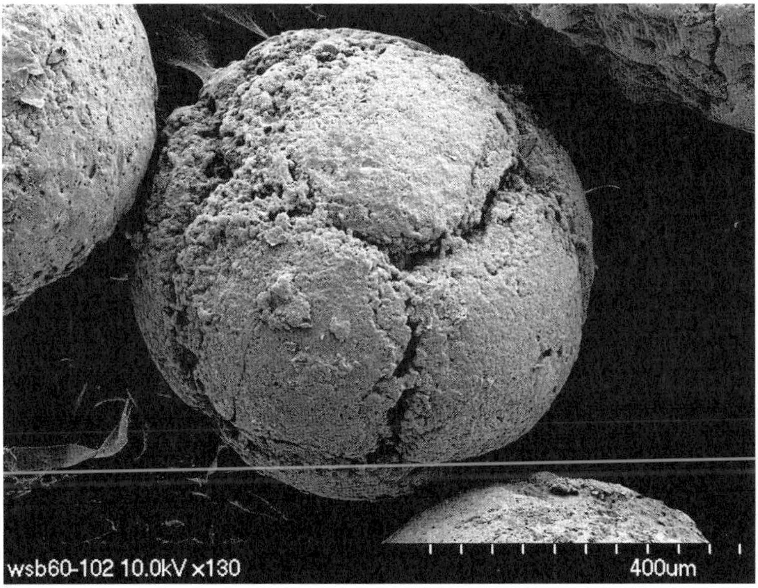

在掃描電子顯微鏡下，直徑約 500 微米的瓮安胚胎化石，分裂成八個細胞的階段。

的時間。不過以邏輯來說，動物應該有更長的演化歲月，寒武紀的生物大爆發應該不是最初的起點，過去二戰期間有科學家曾在澳洲的埃迪卡拉（Ediacaran）發現像是多細胞動物的化石，然而當時還沒有放射性元素定年【註2】的技術，所以大家只知道先後，而不知道絕對的年代。這次的發現，我們可以大膽地說，動物的起源可以推到五億八千萬年以前。

我和陳均遠反覆討論，最後在不到兩週的時間，從動筆到完稿，完成了一篇短文，投稿《科學》期刊。更巧合的事發生了，就在我們投稿給《科學》之後，輾轉得知，有另一個由哈佛大學安德魯．諾爾（Andrew Knoll）教授所領導的團隊，與我們差不多在同一個時候有類似的發現，而對方投稿給《自然》期刊。這其實是一件好事，因為如此聳動的新發現，必須非常慎重，有兩個完全獨立的研究團隊得到如此相似的結論，強化了這個研究的可信度。

後來這兩個國際級的科學雜誌，選擇在同一個禮拜，向世界宣布動物起源的時間再往前推進將近四千萬年（現在已知是提前了六千萬年）。《華盛頓郵報》將這個消息登上頭版，《紐約時報》也用整版來報導，幾乎所有的科普雜誌都在討論這個發現，德國的《鏡報》還特別安排了記者來台灣，到我實驗室訪問。每天我都有接不完的國際電話，最後還辦了一個兩岸同時發布的新聞會，我的同伴陳均遠在南京，我在新竹，以視訊方式共同發表這項研究成果。

發現人類最早的祖先？

熱鬧幾天之後，突然有無數的聲音開始批判，因為那篇論文標註：Taiwan, China。我以為我做得沒錯，那時候大家都說「一個中國，各自表述」，如果我堅持不寫 China，只寫 Taiwan，那我的合作夥伴在大陸會受到什麼樣嚴厲的迫害，我不敢想像。中央研究院的研究員到報紙上投書，批判我賣國，說我用台灣的研究經費去資助大陸的科學研究，甚至清華大學內部的同事也公開發表類似的觀點。那種鋪天蓋地的攻擊，在媒體的渲染下，某種程度上，我好像真的成了全民公敵，有立法委員在立法院上要求教育部解聘我，也有人直接到法院去告我。

記得有一天，家裡的沙發椅皮面有點破了，我就到新竹街上找一家店換皮套，裡面的店員認出我來，他很認真地對我說，李教授，你可不可以不要那麼親共，拿台灣人民的錢去資助大陸。我笑笑地跟這位店員說，我沒有做傷害台灣的事情，科學研究是全體人類共同的投入與成果分享。這件事延燒得非常廣，過程中當然還是有人認同我的理念，支持我的做法。不過，兩岸的敏感神經在當時可以說完全被挑起了，以至於科技部和教育部隔一段時間就會行文，要台灣的教授、研究員在發表論文署名的時候，不可以寫 Taiwan, China，一定要寫 Taiwan 或 Republic of China。

現在回想起這些事，早已雲淡風輕。此刻被困在山谷中的我，仰躺在地上，正好從枝葉與枝葉的縫隙間看見天空，這是大自然中常見的「樹冠羞避」現象。

關於這個現象，有不同的假說，其中一個說法是，在演化的過程中，此現象可以讓足夠的日光照射進森林的底層，讓更多植物順利進行光合作用，對於生活在地面的動物來說，也能獲取一定的日光；而枝葉互不接觸，則可以避免某些植物傳染病的發生。植物與植物間尚且懂得某種共生的默契，所謂的演化，並非僅僅是弱肉強食的競爭關係，生物與生物間，也許早就發展出某種和解的秩序，和平並非例外，而是一種自然的狀態。

在那榮耀與鄙視同時並存的隔年，我和陳均遠相約到秦嶺工作。我們要到鎮巴縣，途中先到寧強縣，在公車上我們兩人拉著吊環站著，車子晃得不得了，來到一個陌生地方，就想知道當地的生活，剛巧有個小姑娘也在車上，我們就與她聊起來。她說她是一個護士，半年沒領薪水了，當下我有些訝異，在看似安逸的鄉間，貧窮其實是一種常態。

又比如有天晚上，在城固縣，一位四十多歲的縣長請我吃飯，他在餐桌上劈頭第一句話就說，李教授，您來祖國這麼多次，一定聽過很多共產黨的壞話吧！我有點半開玩笑地說，當然囉，你們半年不發給人家薪水，現在還請客吃飯。他就告訴我說，你聽到對於共產黨的批評很多都是錯的。他說他當縣長，早上喝稀飯，能有塊蘿蔔乾就不錯了，中午有什麼就吃什麼，晚上如果有一條梭子大的魚配飯就開心了，總之想表白共產黨的縣長是如何清廉。我看著他，同時看著桌上十幾盤菜都是大魚大肉，還沒上完，再看看隔壁桌也是縣長的客人，一樣豐富的菜。那個當下，我心中不是憤怒，而是覺得有些荒謬，人類的世界似乎總是言不由衷。我把桌上那杯當地產製的好酒「城固醇」一飲而盡，我知道必須先暫時把不舒服的感覺放下，我想帶回台灣的，除了美好的記憶與好酒之外，還有更多珍貴的研究素材。

很幸運地，在《科學》期刊發表發現動物胚胎化石文章後的隔年，一九九九年，我們在《自然》期刊上發表了另一篇文章，談的是海口蟲，也就是已知最早的有頭脊索動物。

那是在雲南海口鎮耳材村一個大概不到四平方公尺的化石基地裡，工作人員敲出了三百多塊的化石，清晰保存了動物體內詳細的構造。牠有個頭，頭上有兩個眼睛在左右兩側，頭裡有個腦子，還有個小巧的尾巴，從消化道到尾巴的前頭開了孔，是類似肛門的構造。這個發現中最重要的，是牠的背部有一個明確的構造，應該是脊椎骨的前身。換言之，脊椎動物就是從這樣的生物演化過來。更進一步說，一個有頭有腦子有脊索的動物，也可以說是人類的祖先啦。這些動物化石都被壓得扁扁的，從不同角度被壓，我們試著畫出一個立體圖，後來覺得都不夠好，還是需要有一個對立體概念夠清楚的人來參與。

那天我們開車在外頭晃盪，看到有一個捏麵人的攤位，我靈機一動說，這就對了，找捏麵人師傅來幫忙吧。說服再說服，他終於同意，非常認真地跟我們工作了

黃泥頁岩上，發現了像魚一樣身軀的、已知最早的有頭脊索動物化石——海口蟲。

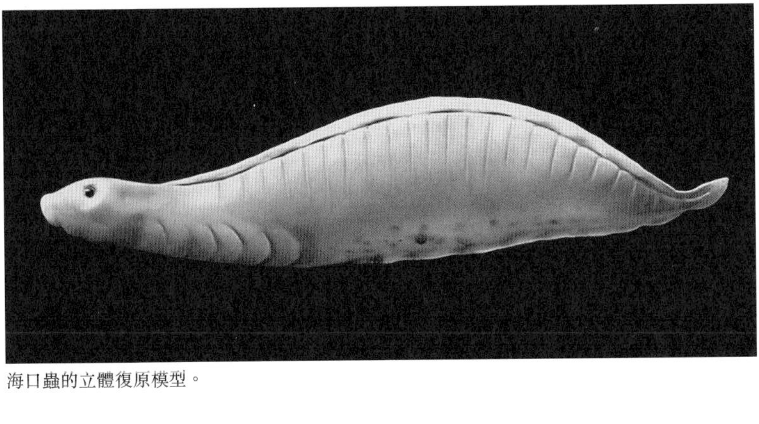

海口蟲的立體復原模型。

一天的時間，當然服侍上好酒好菜。我們要他捏出一個立體模型，他會問哪邊是扁的，哪邊是胖的，我們就得回到顯微鏡下，從化石的不同面細細觀察，再一一回答他的問題，最後他把海口蟲捏出一個十二公分長的模型。

「發現人類最早的祖先」是一個很聳動、誇張又吸引人的話題，我提議在科博館辦一個展覽，十二公分的捏麵模型已不堪用，我們就在台中找了一位很好的師傅，放大做了一個三十多公分長的海口蟲玻璃纖維立體模型。翻模做出來的樣子非常美麗，後來國際間最常用的大學生物學教科書，多年來就用這個模型圖當作無脊椎動物演化為脊椎動物的典型案例。

差不多同一個期間，陳均遠在雲南澄江也辦了一個國際研討會，談早期動物的發育模式，那時候關於海口蟲的文章還未發表，但在開會的時候，我們都很認真地介紹這項研究。這個臨時組織的國際會議吸引了動物演化領域裡不少重要的學者，從世界各國聚集到雲南，我想，是因為一九九八年我們的發現引起了大家的關注。因此我們安排了會前會，到前寒武紀動物胚胎化石的發現地貴州甕安，辦了一個野外考察，對古生物學家來說，那裡就是新聖地。後來會議結束的時候，又做了一個大蛋糕，把海口蟲的模型壓在這個蛋糕上，大家一同慶賀海口蟲的新發現。

這個會議還引發了一個插曲。有一群來自西雅圖「發現研究所」（Discovery Institute）的研究員也來參與，其中包括了科普專家、生化學者和分子生物學家，都各有頭銜，來自幾個美國的名校。策動他們來參加的是一位叫做錢錕的華人。錢錕教授知道了我們的研究工作，就主動跟陳均遠與我聯絡，很快地來到雲南，住在陳均遠那裡。他對我們的工作表現出高度的興趣，本身又是一位生物學者，我們談得很愉快。後來我才知道，錢錕來自舊金山大學（University of San Francisco），那是一個教會學校，他們絕對不相信演化論，研究目的就是要推翻演化論。結果在會議裡，他們跟其他學者起了嚴重的衝突，合夥批判演化論的弱點，表示演化論是嚴重錯誤的學問，而其他人都是演化學的尊崇者，兩群人就在會議上相槓了。

那時候陳均遠和我都共同上了一課，原來演化論在美國是不可以隨便講的，有一些州根本不准談演化論。如果要在中學裡介紹演化論，必須同時介紹「創生說」，就是生命是被神創造出來的。對我們來說這是新鮮事，在台灣、在中國大陸，誰也沒想到會有這種衝突。伴隨來的還有《基督教論壇報》的記者，試圖從我們的發言中找到可以「利用」的片段，後來刊出報導，說我們兩人的發現挑戰了演化論。同樣的一篇文章、一段發言，不同陣營的人，幾乎可以斷章取義發展成完全不同的論述。

有一天，我和陳均遠兩人喝著酒，互拍對方，說終於知道什麼叫做 partial fact（部分事實）了。但是這不影響我們跟錢錕的關係，錢錕後來還邀請陳均遠和他太太一起到舊金山住了半年之久，所有的費用都由發現研究所支付。陳均遠也不在乎，對他來說，保持某種彈性是件好事，學術與信仰，就某種層面而言，是可以並存或溝通的。

學術研究如商業競逐

海口蟲的文章刊出之前，《自然》雜誌也刊登了另一個團隊發現「海口魚」

的研究，雖然不像上次發現前寒武紀動物胚胎化石那樣，幾乎是同樣研究成果的巧合，但我的確感受到了在學術研究上的競爭關係。換句話說，即便來自不同的獨立團隊，對許多研究者來說，有些事情可能真的就像「商業機密」一樣。

可是我的個性管不住自己的嘴，有得意事常常拿來就說，這樣的行事風格，當然得承受可能的後果，因為講出去了，別人又很認真地把它當研究題目在做，出現的成果也常讓我讚賞。有人問我在不在乎，還真的不在意，因為隔幾年我就想換個題目，有別人跟進研究，是多開心的事。經歷過一九九八年那樣被學界、乃至於整個社會批判的事件，我意識到，如果要長期做喜歡的研究，資源不能僅僅來自於政府單位。這個想法的起源，背後也有個故事。

我記得文章在《科學》期刊發表之後，隔兩天辦公室裡出現了一大叢豔麗的盆花。一看，是辜成允送的，那時候我跟他雖然認識，但不是那麼熟悉。我平常很少特別回信謝人家，那天心血來潮回函，大概是受到太多批評了。想起這個研究工作還得繼續做，有資源才能有更雄偉的開展，信中自然表達了困境。一樣也是「直接敲門」，信末我說，成允兄啊，我現在需要一筆研究經費，你可以支持嗎？沒想到這位企業家很快地回覆說，我幫你找到八十萬了。後來我知道辜成允和胡蝶蘭是再興校友，從幼稚園到小學都同班，他曾開玩笑說小時候最大的願望是剪了胡蝶蘭的辮子；同時他也是我的摯友謝其嘉的好友，兩家往來極為密切。

有了辜成允的贊助，我們無後顧之憂的繼續敲化石，這才有了海口蟲的發現。積累了得意成果，就想擴大規模，組個國際合作團隊，邀來了加州理工學院的艾瑞克．戴維森（Eric Davidson）和南加州大學的大衛．伯特傑（David Bottjer）兩位教授。戴維森是美國科學院院士，極著名的分子發育生物學家，伯特傑曾任美國古生物學會會長。

宏大的計畫該有充裕的資金後援，我們四人討論後，決議向美國太空總署（NASA）申請經費。然而，如何說服這樣一個從事太空研究的單位支助我們在貴州挖化石呢？理由之一是，由外太空帶回的岩石標本是如此珍貴，我們將發展一項非破壞性的分析方法，觀察岩石內可能的生物化石的立體顯微構造，先以瓮安磷礦內的胚胎化石為演練的材料。這樣的說法顯然打動了太空總署的評審，我們得到了五年很慷慨的資助。

在美國太空總署撥款前，我認識了中央研究院物理研究所的胡宇光，當時他正發展用同步輻射加速器產生的 X 光來開發 X 光顯微鏡。我們一拍即合，把胚胎化石送到美國、韓國和瑞士的同步輻射加速器觀察，最後在新竹的國家同步輻射中心應用成功，利用X光的強大穿透力和高解析力，我們鑑別出六億年前動物胚胎細胞分裂時的特化（specialization）方式，這結果也刊登在《科學》期刊上，回報了太空總署的支持。

陳均遠當然也拿到了大筆經費，在雲南的晉寧縣（據說是鄭成功的出生地）租了寬大的房子，又買了一些設備，後來轉移到澄江縣城，那邊生活條件好一些。他將一間古宅改造成現代化的實驗室，有好幾台光學顯微鏡和電子顯微鏡，培訓當地的年輕人來操作這些設備。用火車貨櫃從貴州把大量的磷礦化石送到雲南，在那裡不停地切割並磨成薄片，年輕人輪流交班在顯微鏡下拍照。我們四人就一起看這些照片，隔一小段時間在雲南聚會一次，討論其中的涵義等，也寫出了好幾篇刊登在《科學》等期刊的文章。

其中得意的發現之一，是找到已知最古老的兩側對稱動物——貴州小春蟲。牠現身於地球長久冰凍回春之際，雖然個體極小，但已能主動爬行掠食了。

無能判讀的「訊息」

想到辜成允，我心頭不禁一緊，他今年年初才因為跌倒而意外過世。我還記得那是一個星期天的中午，我突然接到謝其嘉的電話，他說成允出事了，你知不知道？他簡述了狀況，我就立刻開車到醫院去。途中我突然驚覺，在過去十幾個小時裡，不知道是什麼原因，我經歷了人生從來沒有過的奇特的經驗，我的右眼皮不停地跳動，那種跳動是沒有辦法停止的，而時間往回推，差不多就是成允發生意外的那段時間。到了醫院，看到他的狀態，一向很樂觀的我，不知道為什麼有了醫生可能救不了他的預感。

這件事給了我不小的衝擊，不只是好友的離去，而是關於「眼皮跳代表有壞事發生」這種民間口耳相傳的說法，竟然讓我親身體驗到了。做為一個生物學家，我要如何去相信眼皮跳，是真的有人藉著一股無形的力量，想要傳遞訊息給我？眼皮跳可能只是動眼神經與顏面神經的不正常放電，然而這件事的重點不在成因，而在於時間點，「心電感應」真的存在嗎？

當時這感受特別深刻，可能也是因為想到了父親的驟逝。那天中午我去財政部找他，他立刻把我母親從新店找來說，我們一起吃個飯吧。他還很開心地說，剛剛做了政府安排的身體健康檢查，次長這個位置出缺了，長官希望他能夠接任。聽起來是那麼美好而充滿期待。飯後，我到國科會開會，傍晚回新竹的路上，接到父親同事的電話說，你父親心肌梗塞過世了。我急著立刻再趕回台北。那是我第一次經歷直系親屬的離去，過程是如此的迅速，事前事後都沒有任何的感應。

第二次親近的人驟逝，就是成允，但他卻讓我的眼皮跳了十幾個小時。這完全不是事後的追溯，我清楚地記得，當天早上我就告訴胡蝶蘭，我從昨天到現在，這眼皮跳個不停啊……。眼皮跳這件事，可以用前述生物學思維的方式去解釋，但是親身經歷過，很可能就有完全不同的詮釋與理解。如果說，「眼皮跳」只是眾多來自未知的訊息之一呢？我們生命中的時時刻刻，是否隨時充斥著各種的「sign」，卻無能判讀呢？

困在山谷裡的現在，我不知道離生命的終點還有多遠，但回顧過去，彷彿點滴全都是「sign」，一些我在當下理解了，一些來不及參透。人類的演化歷程，不知道是不是也包含這種解讀萬事萬物的能力？果真如此，那麼所謂的靈媒或超能力感應者，是否是在生物學意義上，比大多數人更「進化」一些的版本？

時移事往，我果然不是感應者或預言家，沒想到如今陳均遠和我都「轉行」了。他去研究免疫學，從雲南搬到廣西一個叫北海的地方，在那邊建了一個研究站，他在大陸擁有盛名，所以研究經費不是問題。我則是開始進行熱帶植物的保種計畫，設立了辜嚴倬雲植物保種中心。我們兩人各自走向了不同的領域，聯絡自然而然變少了。

二十多年如一瞬，想到這位老友，想起我們在撫仙湖畔的夢想，想起那煙霧瀰漫的村辦公室，想起那一起喝過的仙湖春，坐在他機車後座時那迎面而來的風，乃至於他在機場羞憤的淚，我在台灣被批判的怨。過去所有發生過的事也像化石一般，被時間不斷地擠壓，一幕幕沉積在回憶的岩層中。此時的我，像是那個捏麵人師傅一樣，從不同角度的化石切片裡，想像並捏塑出一個個立體的生命模型，等比例地還原那些故事的脈絡，放大當下被輕輕忽略過的感受。

再次睜開雙眼的時候，夕陽的餘暉映射在天空上，形成瘀青般的色澤，我知道再過一陣子，黑夜就要來臨了。

註1—放射蟲在地球上至少已存活了五億多年，主要生存在海洋之中，從表層到數千公尺深的海洋都可找到牠們的蹤跡。其身形多半只有灰塵般的大小，必須借助顯微鏡才能看得見，不過放射蟲的輻射對稱形態，通常都呈現出精美且獨特的幾何造型，是生物界裡十分特別的存在。

註2—「放射性定年法」是利用放射性元素有固定半衰期的原理，測定目標物中某些放射性同位素與其衰變產物的比率來定年。不過，不同的放射性元素有不同的半衰期，也因此會有不同的測量極限，例如常聽過的「碳14測定法」，只能針對年分在六萬年以下的生物或物體較適用，超過此年限的，就必須利用其他半衰期更長的放射性元素了。

第五章

科學，才沒有那麼簡單！

Time and the bell have buried the day,
the black cloud carries the sun away.
Will the sunflower turn to us, will the clematis
Stray down, bend to us; tendril and spray
Clutch and cling?

— T.S. Eliot, Burnt Norton, Four Quartets

時間和鐘聲已埋葬了白天，
烏雲帶走了陽光。
向日葵會轉向我們嗎？鐵線蓮會
側身偏向我們為我們而彎曲嗎？卷鬚和細枝亦會
緊緊抓住並纏繞嗎？

——艾略特，〈燒毀的諾頓〉，《四個四重奏》

第二天晚上
17：00～24：00

未知與已知交織而成的星圖

天色漸漸暗了下來，我感到一股強烈的飢餓感，趁著還有一點日光，我把那罐海底雞罐頭打開來吃。此時的餓是理性還能夠控制的狀態，所以我有意不一次吃完，因為我知道同時也得做好可能會受困於此超過一週的準備。人類缺乏食物與水源，不用超過一週，每個人就會因為個體狀況的不同，開始出現一些身體上的症狀，很少有人可以撐過三週以上。非常幸運有這救命罐頭，它讓我生還的機率大增，我必須好好善用它。

在更早以前，人們其實是沒有這種科普知識的，知識曾經是被壟斷的，關於科學的知識更是如此。這讓我回想起，大概在一九八七年的某一天，我接到一通電話，電話那頭的人很誠懇地希望我去主持節目。這個節目的前身，是由光啟社製作，早期台灣的第一個科學節目，叫做「柯先生與紀小姐」。第一代的主持人是阮大年與王羽，後來節目轉到了簡又新手上，節目名稱改為「尖端」。又一段時間，他被任命為環保署長，不適合再主持這個節目，光啟社才要我去接棒，內容主要是報導各個面向的科學進展。

我擔任的角色負擔其實不重，就是開場、結尾串個場，當天節目錄完以後，製作單位會給我大概三、四千塊的車馬費。記得有一次，我照例拿了錢放到包包裡，不知為何走到了中山北路，逛進了一家店，發現有很漂亮的一匹馬上騎了一個將軍，那可是交趾陶啊。中山北路以前是外國人逛的地方，有這種古董文物民俗的店家我一點也不意外，我好像又被某種美的事物所召喚，竟用了全部的錢去換了一個回家。

後來慈濟大愛電視台找我當「大地與人的對話」節目的主持人，節目內容是跟生態環境保育有關。製作人李宗玉負責選擇題目、內容安排與拍攝規劃，我則一樣負責開場、結語及串場，就是一個跑龍套的。每隔一個禮拜，攝影團隊來到清華大學校園，後來我轉任科博館，他們就跟到科博館。其實我實際參與的程度不是很高，我信任整個團隊是認真且有能力做好的，所以也刻意不過問太多。這個節目大概做了五、六年，有五百多集，入圍過兩次金鐘獎。

再更後來，我與慈濟的另一團隊，合作拍了一個公益廣告，呼籲大家不要吃髮菜。髮菜是沙漠裡固沙植物上附生的藍綠菌，要採髮菜，就得把大量的固沙植物刨起來。若是頂著大太陽直接去採固沙植物上的藍綠菌，可是相當艱苦的，所以有效率的做法，就是把這些植物先弄在一堆，然後再把髮菜摘下來。推算每採集一兩髮菜，就要移除十六個足球場大的固沙植物，等於徹底毀了沙漠。當時是在北海岸的某個海灘上拍這支廣告，海灘的黃沙正像是沙漠的情景，配上個動畫，我的腳踩著一顆足球，螢幕上就顯現出足球場的樣子。那時候因為年輕，也許舉手投足都透露著自信，這部片子還得到了金鐘獎的最佳公益廣告獎。

在那個年代，「科普」還沒有成為一種流行語，但是已經有一群人在進行台灣最早的「科普行動」，這些科學知識也許都被包裝在環境保育、醫學健康、地理介紹等傳統的知識範疇裡，看起來沒有那麼「純粹」，卻與當代的環境及時代的脈動，結合得相當緊密。三十年前與三十年後，「科學」的定義說不定也有了變動；面對不同的大眾，所謂的「普及」或許也有了程度上的差異。現代人所在意的事物，注定與上一輩人有所不同，換句話說，觀念也是會演化的。

到了第二個晚上，心情似乎比較穩定了，山谷稍稍安靜下來的時候，隱隱約約好像可以聽見上方道路偶然經過的車聲。為了更接近那個聲音的來源，我試圖移動到一個較無遮蔽物的空地躺了下來，把稍早撿到的那把傘撐開，想法很簡單，一方面遮擋夜裡的寒風，一方面則是增加被看到的機會，想辦法讓自己更容易被搜救人員找到。

山區幾乎沒有光害，躺下之後，一片星空油然出現在眼前，心中不禁懷想，正是同一片星空被不同的人仰望著，也讓不同地方的人們似乎有了連結。說穿了，星空就是宇宙，而關於宇宙，我們不知道的事情還非常多，但多與少似乎也是一種相對的概念。我終其一生追求的，也許不是像其他科學家那般，想辦法在未知中知道得更多，而是對那些可能極為少數人關心的事物，深深著迷。

這個世界上美麗的事物本就屬於少數，易言之，美的本質也許正包含了某種珍稀性，我希望看見那些別人看不見的東西，最美的事物蘊含其中。對我來說，那已經不只是對於外在事物的衝動或欲望，而是一種內在生存的驅力或存在的本質。看起來我都是堅持做自己所熱愛的事，但只有我自己深知，年輕的時候，多少會為了他人的掌聲而行事，比如那個因為比賽名次不佳，而放棄考美術系的少年；年紀漸長，我則是學會另一種放棄，用現在流行的話來說，就是「現在不做，以後就來不及了」。

這種「來不及」的感覺，在我第二次進入科博館工作之後，更是深刻。

我們擁有的是同一片天空

事情是這樣的，某一天我突然接到教育部長黃榮村的電話，劈頭第一句就問我，你重回科博館好嗎？我說，我有其他明確的案子在進行，如果沒有很好的理由，我不會重回科博館。不過既然接到電話，也就直接問他，我聽說科博館有難，教育部要大幅刪減科博館的約聘僱員額與整體預算，這樣一來，會把台灣最重要的科普基地給毀了，那是一個投資報酬率最高的機構，而且常年保持著亮麗的、有效率的形象，怎麼政府會有這樣的想法呢？

黃榮村聽了我一連串的憂心之言，腦筋也動得很快，想了想之後接著說，預算的部分我會去想辦法，但有個條件，就是你回去當科博館館長，我們才有機會重新談這件事情。我也立刻說，如果他願意正視這個毀滅行動，並且做出調整，我可以放棄個人的追求，重回科博館。挽回那好不容易建立起來的品牌，看起來是「當務之急」。回鍋之後，我快速地盤點了現況，約了黃榮村與次長范巽綠，做了一個完整的簡報。說明結束，教育部應該徹底被我說服了，之後科博館不只沒有精簡人事，也不刪減經費，甚至還願意相當程度地加碼科博館的預算。

我實在很喜歡科博館，那裡幾乎可以滿足我的「物欲」，當然中間也有過念頭，要長留在科博館工作，因為這職務是沒有任期制的。我相信在那個時候，科博館已經成為兩岸三地博物館的典範，各方不斷派人來實習，也邀請我們的工作人員去參加研討會，介紹科博館的現況、成功的經驗與未來的發展。如果把生涯規劃放在長期的博物館參與上，是一件自然且愉快的事情。不過，到了第三年，我有了不一樣的想法。起因是兩件事情。一件是我自己長期做古生物學的研究，了解地層裡能夠告訴我們生命演化的歷程變化，也因此對於現在生態的未來，有相當程度的擔心，直白地說，就是那種「來不及」的感覺又浮現出來。

另一件和「大地與人的對話」節目有關。這個節目累積了許多有趣的主題，有一次製作人李宗玉提議說，應該把關心的對象移到台灣以外的地方，討論之後，我們就決定到馬來西亞，因為那裡的雨林開發速度很快，繼續這樣下去可是不得了的危險。但終究我對那個地方是陌生的，開發到了如何嚴重的程度並不清楚，滿懷著想像並想證實現在地球生態所遭受的危機，就想親自去看看。

我們到了馬來西亞的熱帶雨林實際瞭解現況，那次行程對我的衝擊很大，約莫有兩個星期的時間，我們密集地參訪許多不同的據點，也同步製作節目內容，回來以後，推出了好幾集節目。也許旁人是看熱鬧，但我心中是相當糾結的，因為那麼重要的生態系，就在我眼前快速地被摧毀，如果把我在古生物學認識到的，地球生物過往的和現今的世界連結在一起，那股「來不及」的感覺愈發深刻，覺得該做些什麼事。

幾乎是同一時間，我被邀請到新加坡做一場演講，新加坡大學要我談古生物的研究成果，在那裡我看到嚴重的霧霾，報紙的頭條每天都在報導霧霾指數有多高，沒事少出門。霧霾來自附近印尼的火燒森林，每年到了旱季，砍了一年的枯枝敗葉，就一把火燒了。這一來霧霾飄到了新加坡，新加坡政府想協助對方滅火，但是辦不到，國際間的糾紛顧忌很多，新加坡就算可以出人力、物力，印尼卻覺得這是很丟臉的事情，不願意新加坡介入。所以即便是很單純的生態環境的事務，以政治的角度處理，就是無解。

森林火災造成的碳排放，以及生態物種的損失，其規模是非常巨大的。但每個國家長期的農業與森林政策，乃至於生態保育的觀點都在不同的進程中，雖然我們擁有的是同一片天空，但沒有人有辦法真的提出一套全球性可執行的生態政策。

回到科博館，我開始有個想法，覺得我們應該扮演某種角色來處理「未來的事務」。還記得那天腦海中正思索這些盤根錯節又無解的問題，從八樓的館長室往下看，就是科博館的植物園，植物園裡有很多的研究人員和漂亮寬敞的建築。突然一個念頭閃過，我們的植物園竟然只有兩千種植物，而這兩千種可能已經是台灣最豐富的活體植物蒐藏了。繼而起心動念，我們能不能在台灣發展出一個全球熱帶植物的保種基地？

當時還是一個模糊的概念，想做也不曉得如何做起，因為科博館雖然有人才，但是沒有多餘的空地，也沒有足夠的經費。想著想著，我就交織在兩種情緒中，一個是興奮，覺得有重要的事情可以做了，另一個就是無奈。

紮根屏東的植物保種基地

有一天，一位科博館的技工，他顯然有著跟我類似的性格，直接到館長室敲門找我。在公家機構裡，這種事情並不多見，我在科博館的態度開放，但是也很少有基層的技工直接敲門要來見館長的。他敲了門，我當然開心地跟他談話，幾句話之後，我更認真了，請他坐下來好好談。原來他告訴我，他認得台中高農的校長，也知道台中高農在大肚山有一百甲的土地，多年來這個校地沒有發展。他說，他在一些場合聽到我對於植物園蒐藏進度的不滿，要求植物組的同仁努力設法豐富植物園的蒐藏，如果跟台中高農合作，他們有一百甲的地，那不是很好嗎？

我興奮得很，很快就約了台中高農的校長，到那塊寬闊的山丘地上現場視察，覺得這就是一個絕佳的地點。台中的冬天不太冷，台中以北就不合適，很多熱帶植物是沒辦法活在寒流下的，因為熱帶的氣溫非常穩定，常年介於二十五到三十度之間。現場跟台中高農校長懇談後，我們研究人員又願意投入，我就擬定了一個計畫，先到教育部爭取一筆起始的費用，我相信教育部會被這項計畫的邏輯性、理想性與可行性所感動。

他們問我如何支持？我說，目前沒辦法預估將來需要多少經費，但是我需要演練，先給我三百萬吧！他們訝異於這個經費之少，問我要幹什麼？我說要蓋個花房，練習養植物。更重要的是，這花房要建在台中高農的校園，因為談合作，以科博館的組織規模，跟台中高農相比，人家願意拿一百甲地出來，一定也擔心會被我們吃掉，所以先在校園裡建溫室，是合作最好的開端。這事教育部同意了。

另外，我知道依自己的個性，面對這麼一個好玩的題目，很可能會全心投入，這對科博館不一定是好事，因為館長會很偏頗，有可能不能公平地對待科博館多面向的工作。想到這裡，我就決定辭職。我跟教育部說，這是一個理想性很高的工作，我不能冒失敗的風險，所以最好的辦法是我離開科博館，全心去做這件事。教育部也承諾認真支持，無論如何，這是一個跟時間賽跑的搶救工作啊！

雖然政府經費是寬鬆、大方的，還是有個很大的問題，就是僵化的核銷制度，簡單來說，就是經常給了錢，兩三個月之內就要花完。所以我辭職之後，除了希望教育部繼續支持，同時也規劃成立一個民間基金會來相輔相成，教育部也贊同這個想法。一切看來都很順利，但實際上困難重重，三百萬轉給台中高農蓋花房，在公務體制內招標設計施工，在我離開科博館過了一年半，這花房都還沒蓋好。此外，科博館換了新館長，他也支持這個計畫，但是做法不相同，他的想法是那塊土地該先由國家徵收，再撥給科博館，如果仍屬台中高農，科博館找資源興建是有風險的。這一來我就知道走公務體系完成這項計畫應該沒有希望了。我明快地決定放棄公部門的資源，改走百分之百由民間來籌措。

隔了一星期，辜成允到我家裡來，我們見面機會不盡然很多，但聊到共同話題總是很開心。他來南庄，談他兒子升大學、生涯選擇事，接著問我最近在忙什麼？

我就把熱帶植物保種中心的計畫大致敘述一遍。我告訴他，這項計畫也可以拆成幾個部分，在不同地點，由不同單位來支持，例如棕櫚科植物最適合放在屏東。談到這裡，我就注意到他低頭在想事情，再抬頭時，眼光就不一樣了。

我還提到世界上最大的兩座植物園，一個是英國倫敦的皇家植物園邱園（Royal Botanic Gardens, Kew），一個是美國密蘇里植物園（Missouri Botanical Garden）。邱園有悠久的歷史，是由貴族發展出來的蒐藏，最後變成國家的。密蘇里植物園是私人的，由一位很有風範的外交家、企業家、哲學家亨利．蕭（Henry Shaw）所創立。我去過密蘇里植物園看過亨利．蕭的墓園，一個小亭子裡，石棺上躺著自己的雕像，一切是那麼的典雅寧靜又莊嚴。一位如此重要的人物把土地和蒐藏捐贈出來，成立基金會，發展出和邱園可以等量齊觀的機構，真的了不起！

他默默地聽我說，沒有太多發問，等我熱切的分享告一段落，他告訴我說，他們家在屏東高樹有一塊土地，而且他母親或許會對這件事感興趣。我當時並不曉得那塊地有多大，更不知道他口袋有多深，但有個直覺，也許這事有繼續發展的機會。他說得回去想一下，大概不到一個月，我就接到他的電話，他說這個事情可以做，直接問需要多少經費、時程如何安排。他說，計畫會由台泥企業來支持，成員有英國人、日本人，還有他自己的家族。他約我到台泥大樓去辦個說明會，我笑說，你得有心理準備，教授習慣講三個小時課。最後，我用英文講了快三小時，說服了當天出席的決策者。

他們當然關心進度會是如何？我說我問過各類群的植物學者，若財力無虞，五年內可以找到多少種植物云云。我把他們提的數字加在一起，再加碼百分之二十，我的習慣向是如此，希望要做到比預先想到的再超前。我告訴台泥的決策者們，五年之後，我們會有五千種植物，一年一千萬台幣即可。結果辜成允直接將支助加倍，而我們在一年後就有了四千六百種植物的蒐集進度。之後的三年，每年皆再增加約四千種，成允也慨然倍增支助。

這是我第二次離開科博館。第一次是一場穿越到億萬年前的古生物之旅，而第二次也許更像是一場為了未來而啟動的行動。我向來性子急，但不曾如此急過，因為拯救熱帶植物是刻不容緩的。

眾所周知，熱帶雨林面積雖不大，生物多樣性卻高到難以估量。可是，由於人們長期對木材、耕地等自然資源的需求，造成熱帶雨林正快速流失，到這個世紀末，現有的四十萬種植物將因而滅絕三分之二以上。過去人們也不是沒有生態保育

2008 年保種中心開幕，國際上最重要的秋海棠專家彭鏡毅，將其收藏的稀有秋海棠活體，由翁啟惠代表中研院贈送給保種中心，辜嚴倬雲女士代表收下。左二為辜成允先生。

的想法，但經常與開發的經濟思維有所衝突，因此屏東高樹的保種中心更顯重要。我們不只要蒐集來自世界各地的珍稀物種，還要想辦法讓它們能夠存活下去，十七座巨大的溫室花房便是在這樣的構想下逐一建構而成。

截至目前為止，在不同專業的「蒐藏經理」努力下，保種中心已擁有三萬多種的植物，已經是全世界最豐富的植物保種單位，近年我們也將觸角延伸至特定的動物，比如烏龜、雞等等。

能解決的，就不是困難了

提到保種中心，我不得不想到洪信介（綽號阿介）這個人，如果這個時候他在我身邊，以他矯健的身手，勢必能夠從這山谷中逃出，找到人來援救。

他是一個奇人，人稱「植物獵人」，直到國家地理頻道的團隊前往索羅門群島拍攝我們的工作紀錄時，我才真正認識了阿介。他開朗熱情，野外的適應能力出眾，對各種生物渴望瞭解的動力，在我見過的人之中是很罕見的。不只是植物，有時候，我們在森林中看到一隻蜥蜴，他晚上就會試著查詢蜥蜴的名字，那種熱情早就滿溢於工作的定義之外了。他能背負重物，從不抱怨負重，上樹如履平地，晚上回到住處後，仍堅持整夜製作並烤乾植物標本，好像這些困難對他來說都是一種享受。而我是如此懂得這樣的感受。

有一次在一棵巨樹下，我們抬頭發現了一叢藍石松，那是現存石松中最大的物種。我心想怎麼可以取得它，因為它長在非常高的枝條上，離地約五十公尺，就連索羅門島當地的工作人員都說不可能採集得到。沒想到正當大家面面相覷時，阿介已經爬到樹的一半高了。我親眼見證他敏捷自信地爬到那藍石松生長的地方，那時我的眼眶一定濕了，因為我知道，他必定也是為了自己所熱愛的事物，超越了些什麼，讓他看起來如此輕易地完成了常人所無法完成的事。在索羅門的最後一天，我認真地邀請他加入保種中心擔任正式的工作夥伴，他答應了。阿介說，他一直在等我開口。

時間點永遠是個很難捉摸的事情，人與事如此，人與人亦然，所以我做事一向並非真的「沒想太多」，而是一旦我「確定了」，那就表示把所能想到的細節全都推演過一遍了。所以某種程度上來說，我不在乎失敗，更多時候，我像是在驗證這個每天都在變動的世界，我想跟這世界上所有有趣的人事物「對答案」。

索羅門群島熱帶植物採集行動，爬樹、吊高是必要「配備」。

因此，經常在同一個時刻，我會有不只一個項目在腦海裡發展，多年的演練讓我習慣同時思考兩三件事情，做兩三件事情。這樣一來，我可以釋懷地接受失敗，因為同時總還有另一件事情在進行，這是一種自我的心理建設。表面上看，為了要發展植物保種計畫，我辭掉了科博館的職務，但確切而言，保種中心也不是我的全部工作，同一個時間，我也還在進行古生物學的研究。什麼樣的事情能夠持續發展，都是一個因緣，我所能提供的就是個人的熱情與毅力。

以保種中心來說，我很難想像，如果起步更早的話會不會更好？我只知道，如果起步晚了就很難了。舉一個簡單的例子，就是動植物檢疫法越來越嚴格，如果這兩年才啟動計畫，很多植物我們是拿不到的。回頭來看，在那個時候動植物檢疫法相對寬鬆些，也正好是整個社會氛圍已然意識到環境危機的迫切，同時也正好是世代交替的階段，許多植物收藏愛好者年紀大了，得開始思考自己收集來的物種該何去何從。

經常有人問我說，你覺得過程中碰到最困難的事情是什麼？我常不假思索地回應同一句話，就是：「能解決的，就不是困難了。」我從來不太去想哪些事情是困難的，因為最終我們談論的任何難題，就是我們認為它應該要被解決，或者說，某種程度上，已經被解決了。

天分與天分以外的

可能是太久沒有變換姿勢，身體下的石頭又尖又硬，等到我發現右邊的身體麻了，已經沒有多餘的力氣坐起身來。我用盡力氣翻了個身，一百八十度換了個位置，從仰躺變成俯臥，恍惚間，左腳好像壓到一個軟軟的東西，我用還算能行動自如的左手摸下去，發現竟然是我的背包，心中不禁一喜。我從背包的前置袋裡，摸出我的小藥盒，看起來還是完好的，這些藥裡面有的含有阿斯匹林的成分，或許對我此刻的身體狀態是有益的。我吞了早該吃的藥，不知道是不是心理作用，整個身體好像真的放鬆多了。

除了藥物以外，人類身體有自癒的功能，這在生物界並不特殊，細胞的老化、修復與更新，是很自然的事，其中人體的免疫系統就是一種很神奇的機制，它讓人類可以在充滿病毒、細菌的環境裡，有限度的接觸前提下，身體依舊可以維持正常的機轉。如今，更有許多「免疫療法」的研究正如火如荼地進行著。

可能有人會以為，做為一個生物學家，我對非人類的生物更感興趣，但顯然事實並非如此。我從來不是那種成天埋首書堆的學生，有時候甚至還有些過度熱情，大一時在同學彼此還不是很熟的情況下，就邀請全班同學到家裡玩，學校內的一些交誼活動，我也幾乎沒有錯過。我喜歡與人交往，不管他是企業家，還是路邊的小販，我對於他人的故事與觀點充滿好奇。也是透過與形形色色的人的接觸，我對別人也保有一種直覺的判斷，有時候只要說一兩句話，好像就能感受到對方一些細微的情感表現，除了說話的口氣外，甚至就只是一秒鐘的表情轉換。

這種細緻觀察的能力，或許也來自我長期的專業訓練，換句話說，生物學家就是要有非常細膩的觀察與感受能力，才能夠從各式複雜的生態情境中，看見值得進一步研究之處。小至顯微鏡底下的古生物胚胎，大至影響大半個陸地的沙塵暴；近至人體內的ＤＮＡ，遠至幾萬光年以外的外星生命。我在生物學界打滾這麼久，好奇心與觀察力，始終是我的某種「天分」。

不過要成就一件事，只有「天分」是遠遠不足的，資訊的取得與知識的累積，有時候才是決定能否「成事」的關鍵。到了美國之後，這感受更是深切。

從念大學起，我的科學相關知識來源有兩個，一個是《科學美國人》（*Scientific American*）雜誌，另一個則是《國家地理》（*National Geographic*）雜誌，兩本都讓我深深喜愛。《科學美國人》不是只出現在大學的圖書館裡，在一般超級市場的收銀台旁，店家會放少數幾本雜誌，它就是其中之一。從這個小地方就知道，它不只深入社會的各角落，甚至是一種「生活必須品」，美國人去買衛生紙買泡麵買雞蛋，結帳時看到一本，就放到購物車裡帶走，一切如此日常自然，這是我當時到美國很深刻的印象之一。

去美國之前，我們要辦讀書會，或是老師指定什麼題目要深入了解時，大家第一個念頭就是去翻《科學美國人》，因為它有一個很好的摘要功能，再高深複雜的主題，傑出的科學家都可以把它寫成一篇讓大多數學生都能讀懂的文章。不過，念大學那時候我們是買不到《科學美國人》的，因為得要從國外訂，手續非常繁雜，所以只能在圖書館裡影印幾篇自己感興趣的。到了美國以後，發現原來是如此普及的一個刊物，經常買菜的時候就帶一本回家。

除了《科學美國人》，我在美國其實更喜歡收集《國家地理》雜誌，最開心的是，有一次我在 garage sale（在自家車庫或家門口的舊物出售）見到了一大批過期的《國家地理》雜誌，最早的一本竟然是我出生的一九五三年，所以我把它們全買下來了。三十多年份的雜誌，客廳地上落了長長一大排，側邊是黃色的，我特意按著年分月分這樣排起來，賞心悅目之餘，也像是個小型的展覽。後來我還找到一本檢索全集，厚厚一大本，把歷年來《國家地理》雜誌的內容標題按年分排出來，還可以透過關鍵字檢索。

從美國回台灣時，我做了一個大家都覺得不可思議的決定——把我收集到的《國家地理》雜誌全部運回來。那不曉得是多少箱，比例上來說，大概就占了我全部行李的百分之八十。無奈的是，當時政府在出版品管制上超乎我想像的嚴格，有一大批雜誌就這樣被查扣了。去問為什麼不讓我領的原因，他們說，這裡面有一些內容是不宜的。我據理力爭，後來達成了協議，他們把認為不宜的部分，用黑色的簽字筆塗掉。拿回來後，我翻閱了一下，幸好對方似乎也只是象徵性地找了幾篇報導中國大陸的，或是詆毀台灣的文章段落，大部分的內容都還完整保留著。

當一個「科學人」

大概在二〇〇一年底，我接到王秋桂教授的電話，他跟我說，遠流出版公司的王榮文想引進《科學美國人》，希望我在中文版的《科學人》雜誌扮演任何可能的角色。我回覆說，我喜歡的事情很多，沒有足夠的時間參與實質的編輯，也不準備花太多時間去做文字的工作，但也明白表示，我對《科學人》雜誌打心底的讚美。最後他和王榮文達成協議，由我擔任總編輯，但又不必負責總編輯的所有編務。只要每個月開一次會，與編輯們聊聊下一期的企劃，既能夠搶先知道科學新知，還能發表些意見，這倒是我喜歡做的事情。

隔了一段時間，王榮文又希望我能夠在每一期寫個「總編輯的話」，我稍微猶豫了一下，最後還是答應了。沒想到寫著寫著，好像也寫出了些興致，每個月一篇的短文，我可以把自己的生活經歷和當期的雜誌內容融合在一起談，還可以搭配我拍的各種幻燈片。幾年下來回顧這些文章，不只可以看見全球科學界的潮流與變遷，自己也從中看見了我個人的生命史遺跡。一小篇一小篇八百字的文章，也像一片片的岩層，那些逝去的歲月，就像化石般被永恆的文字保存了下來，我好像還可以透過閱讀這些文字，一下子穿越到那個當下的生活與思考中。

原本我對自己寫作沒有信心，每次都要花掉我不少時間，不像講話，有人找我去演講，如果正好有空，又是有興趣的話題，基本上不用太多準備就去了。寫作對我來說卻有點負擔，每次到了交稿的前一天，情緒就開始有點緊張，因為沒有多少時間了，還得找照片，讀《科學人》的內容，然後想一個故事，可以把它們編在一塊。這種現實的壓力，幾個小時的緊張，換來的是，每一次交稿後那種無比輕鬆與滿足的快感。

我也希望中文版《科學人》雜誌可以辦得比美國的原雜誌更好，不只是翻譯英文版的文章，更應該加入一些自己的內容，所以我們規劃有專欄、專題，甚至同一個主題，找來不同看法的文章同時刊登；又或者同一個主題，依照文章的難易程度編排呈現，協助讀者更容易進入科學中那個「不簡單」的本質。印象中有一次，我們找了張系國來寫一篇科幻小說，跟另一篇專題文章搭配在一起。

另外，我們跟英文版一樣，會不定期製作特刊，也就是把同一個領域裡的不同文章集結起來，讓讀者可以一次讀到這個主題在科學界中討論的流變與最新的發展。在網路沒那麼方便、數位化資訊不像如今取得這麼便利的時代，製作特刊完全是服務讀者導向的。幾種受歡迎的《科學人》特刊，每一次都有近萬本或上萬本的銷路。

不過，在台灣辦雜誌一直都不是件容易的事，常有一句話說：「如果要害一個人，就叫他去辦雜誌。」還記得當時王榮文曾希望我對《科學人》雜誌的現況多表達意見，因為我們約定每個月只開一次會，其他時間我沒有參與。我明確告訴他，最好不要讓我太深入其中，如果參與多了，對很多事情我會不斷追問問題，並提出自己對於事情發展方向的意見。所以，一開始我就把與《科學人》雜誌的關係定位為一種「君子之交」。

有一次，王榮文告訴我雜

台灣中文版《科學人》雜誌。（《科學人》提供）

誌財務出了問題，我問了一下，果然那一年的虧損大約是兩三百萬。我說，那我們就在華山文創園區邀請一些朋友，告訴他們來聽李家維以化石為主題講生命的故事，讓我帶著化石去「化緣」。如果沒有記錯，其中包括了曹興誠、宣明智和清翫雅集的成員。那天的活動非常成功，我也感到很滿足，講了兩個多小時，介紹了幾個關鍵的演化環節。最後約莫來了二十個人，收取每人十五萬的門票費，總共收入了三百萬，這筆收入於是得以彌補當年的財務困境。雖然我不是在「經營」《科學人》雜誌，但長久下來，那份「君子之交」或許早就不再「淡如水」，時間果然是最好的發酵劑，現在回頭去看我與《科學人》雜誌，我們一起完成的每一期、每一篇文章，都是一杯杯令人回味再三、氣味醇厚的美酒。

我年輕時讀到的《科學美國人》相對更專業、更深入，每篇文章都比現在的要再長一些。這些年來媒體轉型非常劇烈，不只台灣，美國的雜誌也做了明顯的改變，增加了更大量輕薄、短小的科學新聞，主篇章也看得出來很努力地在降低文字量，就是要適應如今大眾的閱讀習慣。但老實說，這些輕薄短小的科學新聞，我不覺得在學術上有非常好的閱讀價值，因為要在半頁、一頁間將一個新的科學進展說明清楚，不是一件簡單的事；表面上還可能製造一種錯覺，讀者似乎很快地讀完了，很可能也覺得我知道了，但是要他講出這裡面的意涵時，可能就面臨極大的困難。這中間省略的部分，不只是內容的細節，還有讀者端的消化，而我可以非常負責任地說，所有的理解都建立在對於細節的確認上。

但同時我也知道，這是整個社會與時代的氛圍，大家都在說，我們應該吸引更多人來學科學，科學是多麼有趣、多好入門與親近的。我一直不喜歡這樣的說法，因為它跟我的認知是不一樣的，科學的本質就是「不簡單」，我不說是「難」，正是因為它的「不簡單」，這件事才會如此迷人。如果科學是個可以一目瞭然、不用太多複雜思考的事物，那麼它基本上就是「反科學」的。我所理解的科學就是難懂啊，如果一味地把它講得有趣，引人入勝了，等到那人真正要認真地接觸科學的時候，那挫折感可能是加倍的，他可能還會開始自責，為什麼這麼簡單有趣的事，我都無法理解，是不是我太笨了？或是太不努力了？結果很快就放棄了。當初的「得到」有多麼簡單，後來的「放棄」就有多麼輕易。

這些思索，我目前也還沒有確切的答案，但有一點是可以肯定的，所有事物都需要透過改變來生存，動物的演化是類似的邏輯，一本雜誌當然也是如此。

把最好的給最需要的

都說大腦是最耗氧的器官，我的身體雖然因受傷而行動不便，但自從意識漸漸醒轉以來，大腦似乎就在高速運轉著，時而過去，時而當下，說是瀕臨死亡的人生走馬燈也不太對，因為我大概可以確定，除非是突如其來的低溫，或山中有什麼野獸的攻擊，我沒有立即死亡的危險，但再仔細一想，卻仍有無法即時被搜救隊找到的可能性。

那些在山區裡或失足或迷路而等待救援的新聞事件，當自己可能成為新聞中的主角，才發現時間好像被延展得很長，不是讀完一篇八百字新聞那樣的時間感，而是每一個字的背後，可能都有八百萬光年的距離需要跋涉。過去總覺得一天的時間不夠用，有那麼多待辦事項，卻總是缺乏足夠的時間去完成。然而，此刻我好像什麼都不需要完成了，或者說，我唯一要想辦法完成的事，就是活下來，我卻反而開始感受到時間的緩慢。

我開始想像，過去那些新聞中受困等待救援的人，他們都在想些什麼呢？是不是也和我一樣，穿梭於自己的回憶之間？他們也害怕嗎？或者也像我一樣幸運，身邊還有一點食物與水源？他們如何下每一個決定？要想辦法離開，或是待在原地？他們喊叫了多久才停止？他們會想辦法在現場留下什麼痕跡嗎？一句話？一封遺書？或者，他們會在生命的盡頭來臨前，選擇自己走向死亡？

在前方等著我的，是另一個深深的黑夜。前一個黑夜，我在巨大的疼痛中半夢半醒，而現在這個黑夜，我卻清醒莫名。如果說未知的恐懼就像霧霾一樣，悄悄在深谷中升起，我是否也該為自己點燃一處思考與記憶的篝火，再多說一些美好而溫暖的故事，對抗那可能深不見底的恐懼？我跟自己說話、打氣，告訴自己，在身體真正失溫之前，我的回憶還有暖暖的溫度。

應該是二〇〇九年的八八風災之後吧，風災發生時我在中國大陸，那邊的媒體也報導了台灣災情的嚴重，回來以後，我就知道該積極地做一些事情。那時我是清大清華學院的院長，清華學院的設置目的就是希望培養一群能夠融入社會、有獨立思考，且具備特殊創意的學生們。很自然的，清華學院的學生也積極地投入救災活動。我印象很深刻，下飛機的第二天，我就找清華學院的學生，還有執行長王俊秀教授，到市政府去見市長。市長非常熱忱，承諾不論在財力、物力上，新竹市政府都樂意支援。我們談得很順利，有明確的進度，也看到對方對我們的信任。

傍晚，我接到李濤的電話，他說TVBS有一個基金會，正在號召大家捐款賑災，迴響非常熱烈。他接著形容，捐款幾乎如潮水般湧來，讓他感到責任重大，看著捐款數字快速上升，他覺得應該要集思廣益地設想，該如何幫忙災區，第一時間就想到我，想問問我有沒有什麼想法。我說，其實我已經有個腹案，只是那可不是一件簡單的事，而是一個長久的計畫。這次災區的受難者主要都是原住民，其實不只是這一次，面對災害，原住民往往首當其衝，那是一個相當不公平的現實，所以我想要做一件事，能夠真正回饋給他們與這片土地的未來。

在台中科博館工作的時候，有時需要接待國外來的特殊訪客，親自帶他們導覽。後來發覺互動回應最多的，就是台灣南島語族的展覽。展區門口立著十幾個台灣原住民的蠟像，男男女女穿著傳統服飾，形象鮮活自然，讓大家眼睛一亮，接著再介紹原住民如何開疆闢土征服了印度洋、太平洋，是人類遷徙史上最後一棒的勇士。每每講述整個南島語族分布的區域，以及彼此之間的親族關係，台灣做為這一群勇士的出發點，是多麼重要且獨特的地方，連我自己都感動不已。外國訪客也有共鳴，非常羨慕台灣擁有人類史上這麼重要的一群人。

那個當下，除了感動，還有一絲絲的慚愧，因為自己同時又清楚知道，也就是這群人中的大部分，長期生活在台灣社會的底層。有一次我到新竹清泉，在一間教堂裡頭，有個當地的神父就在我面前批判台灣的漢人有多糟糕，他在原住民區服務很久，知道不少悲慘的故事，比如原住民男子被騙到遠洋船上工作，公司給他們保了高額意外險，然後就死得不明不白。

如今，這百年難得一遇的天災又發生在他們居住的地方，腦袋裡快速地轉了些想法，我就跟電話那頭的李濤說，要我提建議，別的不會，我覺得教育是最重要的，應該針對災區的原住民好好辦一所新學校。他一聽，也覺得這主意很好。我們有了共識，他負責籌措經費，我則是想辦法找人落實這個計畫。我找了學校裡的黃一農和王俊秀兩位教授，他們兩人都是點子很多的人，再加上一位預備退休學教育的陳舜芬教授，算是組成了一個籌備小隊。

隔天晚上，我們就藉故到台揚董事長謝其嘉的府上聚會，他弄了一些好酒好菜，我們就七嘴八舌地談著到底要怎麼樣辦好原住民教育。學教育的陳舜芬說，最關鍵還是在國中，國中能夠辦好的話，基本上後頭就不太容易有問題。但是學校要辦在哪裡呢？重新蓋校舍並不實際，於是有人建議是不是找一間已經廢棄的學校，有現成的校地、校舍，發展起來是否比較順暢一點。又有人提說軍營也可以。大家興奮地提供各種意見，好像這個夏天過去之後，就準備好可以開學了。

我覺得校地這種事情，無論如何還是要自己去看才可以，在前往高鐵站的路上，我就打了電話給當時擔任行政院院長的劉兆玄，告訴他我準備做的事，但是我沒有任何資源，能不能請他幫我查查，在屏東、高雄有什麼合適的地方來辦這麼一所新的學校？他一口答應，也非常迅速地讓教育部人員在往後幾個小時和我密切聯繫。

到了高雄，我往屏東方向走，持續電話聯絡，他們迅速地安排了幾個點，看了以後覺得都不理想，有些是位置不宜、有些是屋舍狀況不好，終究都不是我心目中的好地方。都快天黑了，就在決定停止今天的行程之前，我又接到通知，說在屏東鹽埔有一間國立屏北高中，剛蓋好沒幾年，還有一些校舍空著，建議我去跟洪校長見個面。

到了校門口，夕陽下有一個壯碩的身影，好像在守護著什麼，這位洪校長說了一句話，立時讓我覺得這可能是一個很好的合作對象。他說，他來這所學校首要做的事，就是推動環保理念。新時代的孩子應該知道如何節約能源，所以學校裡沒有冷氣，在設計校舍時，就考量到了自然通風的問題。我一聽，這是對的事情，值得堅持。再來他說，學校沒有招滿學生，還空了幾間教室，學校有新穎的圖書館，又有足夠的空間，甚至還有游泳池。洪校長帶我逛了一圈校園，有一種參觀樣品屋的感覺，一切看起來都很好，就是少了什麼東西，後來才知道，那游泳池很難開放，因為學校經費連救生員都聘不起。

大致了解情況後，我心中就有譜了。算了一下，啟動整個計畫至少需要一億的經費，總經費當然更多。隔天我把這消息告訴李濤，他說基金會目前可以出到八、九千萬，最多一億。其餘的經費缺口，我得繼續想辦法，第一通電話就打給辜成允。我開玩笑地說，你掉到泥沼裡頭了，像我這種朋友，缺錢的話會一直纏著你喔。沒想到他不以為意，直說台泥也正在想如何做最好的捐款利用，很多人提意見給他，而我的計畫目前聽起來最有趣。他爽快地說，我個人可以先認捐一千萬，晚點再問問我的母親，也許婦聯會也能幫上點忙。我連忙道謝，畢竟這通電話價值連城，至少有了一千萬啊！

打鐵趁熱，我再撥了通電話給林百里，這些企業家問的問題都很明確，可能是我「直接敲門」的性格，又或者基於對我的信任，這種明快的節奏正好也符合他們的行事風格，幾乎都沒有問太多細節，第一時間都說願意捐錢。林百里甚至還說他願意「包底」，我第一次聽見「包底」這個詞，還不懂是什麼意思，等到我再打給蔡明介，從他口中再一次聽到他也要「包底」。原來所謂的「包底」，就是看你最後還差多少，不夠的全歸他。

這樣一來，很快地錢就湊出來了，但我還是打電話給王榮文，因為是非常好的朋友，我劈頭就說，算了，你也沒多少錢，能不能請圖書館開個書單，你可以提供遠流的書給這所未來的學校？王榮文很爽快答應了，他捐了可能有價值兩百萬的書籍。

後來我突發奇想，我說，你跟金庸很熟，能不能請金庸寫幅字，送給這所學校呢？王榮文覺得是椿美事，於是幫我牽線。金庸先生很樂意，問該寫些什麼？我脫口而出說：「把最好的給最需要的」。他問為什麼這樣寫？我說，過往我們幫助別人，都是優先把自己剩下的、不需要的給別人，有時候變成濫好心，成為一種丟棄，而非給予。現在我們到了這個年紀，應該想一想，有不同的心情，要把最好的給最需要的人。後來那幅字一直放在屏北高中的小清華原住民實驗班裡。

像牆，像鏡子，像植物

再隔一天，黃一農到了，我們認真看了學校的環境，就決定下來了，並且希望用最快的速度，先把宿舍蓋起來。今年來不及，明年九月一定要開學。李濤問我，要蓋什麼樣的宿舍呢？我說，清大剛剛蓋好給大學生的新宿舍，不妨就以它為標準，然後一定要比它更好，這樣才真正是名符其實的「把最好的給最需要的」。

「小清華原民班」正式設立，後面該發生的事情都如期發生了，我們真的找到了學生來讀，可惜的是宿舍晚了幾天才蓋好，開學照開學，新生就先跟其他的住宿生擠在一起，一個月之後搬到新宿舍。游泳池沒有救生員，就由我們來聘救生員。這些學生應該受不一樣的教育，過程裡當然聽到許多不同的建議，有人說，原住民運動、歌唱、跳舞都好，就應該發揮他們的特色。我想了想，這不是重點，甚至可能是刻板印象的陷阱。那些原住民學生今天承受的是生態環境的災難，如果他們有很好的生態理念，不論將來回不回部落，生態教育應該是一個重點。

再者，對自己的認同和信心也該是重點，應該讓這些學生知道，他們是人類遷徙史上最後一批勇士的後代。這樣的信心是很重要的，如果辦這所學校有什麼原則或目標，我只想講兩件事，一個是信心，一個是眼界。我們能給孩子的只有眼界，而信心是擁有眼界之後，讓學生不會忘記自己從何而來的重要因子。

我們原來想辦國中，但辦不起來，最後就以高中班來試辦，還安排了一些課後的教學和活動，比如邀請高雄醫藥大學的學生來這裡為他們家教。其實每個熱心的人，心中都有對這所學校的想法，但真正落實還是要落在陳舜芬教授身上，畢竟她是毅然辭掉了清大的工作，提前退休，幾近全職到那裡去當「保母」，我想沒有人會比她對這所學校更理解。

陳教授要面對很多的挑戰，而令人欣慰的是，這群學生一到學校就改變了學校。原住民的孩子是很開朗、活潑、愛開玩笑的，屏北高中學生相對的拘謹很多，雖然他們在不同班級上課，但是整個校園的氣氛仍有了明顯的改變，歡樂許多。即便他們入學的學科成績不是很理想，但是第一次段考表現得不錯，等到學期結束，全校的前三名裡就有兩位是原住民班的學生。三年課程結束後，上大學的情況也讓大家訝異極了，有一年聽說百分之九十都上了國立大學。值得一提的是，學生們對於科系的選擇非常多元，我相信這些都與建立信心與眼界高度相關，除了更了解自己，他們對於未來也有了不同的想像。

每年清大校慶的時候，我們都把這些學生請到新竹來，安排兩天一夜或三天兩夜的活動來參加校慶，畢竟共用了同一個名字，喜悅與榮耀也應該共享。頭一年他們準備了唱歌跳舞的表演，成為校慶最受歡迎的節目。一位來自布農的學生，在學校裡組織同學，練習布農族傳統音樂裡的八部合音，雖然成員裡沒幾個是布農族的，但看著他們在台上圍成一圈，彼此牽著手、低著頭慢慢放開嗓音、協韻共鳴，那一刻我知道，這是一個成功的計畫。他們彼此之間發展出那種自然的感情與團隊合作的態度，是我真正想見到的。

老實說，從事教育工作並不是我真正的熱情所在，知道自己是被生物學深深地吸引，踏上講台並非要成為捏塑靈魂的人，更多時候我更像是個樂於與人分享的人，想告訴大家，這個由各種生物組成的世界有多麼美麗。一直到當了幾十年的老師，我才發現這個角色的特殊性與重要性，有時候學生們是一道牆，我完全不知道牆的背後是什麼；有時候他們又像是一面鏡子，讓我看見自己的不足；更多時候，他們像是一株不知名的植物，我只能施以養分，不能替他們決定什麼時候開花，以及會開出什麼樣的花。

長成一個全新的品種

做為一個生物學教授，我對於教育的想像，也有很生物學的一面，比如我知道基因可以決定一個人很多的特質，像是長相、智力、健康等，同時也知道基因無法決定的事，就是教育可以努力之處，這空間比想像中的更加有彈性。即便是同卵雙胞胎，也有可能因為後天環境的差異，而成為完全不同的兩個人。

以我自己的兩個兒子來說，可以看出有些長相像我，有些像他媽媽，演化生物學上常用繁殖的角度，去看待遺傳這件事，父母雙方各出一半的基因，就是為了要保證其多樣性。他們獨特的部分也很清楚，比如個性、喜好、各種判斷等等，同一個家庭裡兄弟姊妹的差異也常很明顯，所以要把家庭的影響，直接連結到一個人的性格，很多時候是牽強的。當然，人類也是學習的動物，父母的影響多半來自「教養」，而非「基因」，習慣、價值觀的傳遞，是來自於生活在同一個環境之下，面對類似的條件所衍生的一種重複性較高的行為。

我不會把孩子當作我的所有物，或是衍生品，我知道他們身上跟我不一樣的那些部分，有可能才是他們可以在現今環境下，通過競爭生存下去的原因，因此我也並不熱衷於為他們創造什麼樣的特定環境。基本上，我對兩個孩子的態度，更像是發現了兩個美麗而又獨特的外星生物，我對他們充滿好奇，我想要找到跟他們溝通的模式，了解他們在想些什麼，而不是規定他們應該要想什麼。

還記得我參加過大兒子的幼稚園畢業典禮，他被挑上做畢業生致詞代表，他是一個長得很漂亮的男孩，但是畢業典禮前幾天，他和弟弟兩人都得了非常嚴重的感冒，幾天之內兩個人都瘦到不像話。那天他穿著白色的襯衫，打個紅色的領結，穿著黑色的短褲，衰弱地走到台上，他自己有個演練過的講稿，但講了幾句就無以為繼，在台上尷尬地站著。老師當然也很著急，努力想要提詞，他最後還是撐到底，把那個場面度過了。在那個當下，做為一個父親，我的敬佩之心竟然超過了焦急的情緒，某種程度我是一個旁觀者，我知道他並沒有放棄，勉力地完成了他生命中一個重要的時刻，痛苦、混亂、空白，一個幼稚園小朋友所能承受的不堪，他都苦苦地熬了過去。

兩個孩子長得愈大，我愈是覺得自己不認識他們，但這並不讓我感到失落，反之，因為觀察到他們令我陌生的一面，而感到小小的驚喜。比如小兒子，也是幼稚園畢業典禮的時候，在一個小小的房間裡，學生人數不多，老師就那麼兩三位，我注意到我們家老二，那天的表情與舉止和平時截然不同，是如此的莊嚴謹慎、不苟言笑，很認真地面對畢業典禮。平常逗他一下就會笑，但是那天怎麼逗，他都沒有回應，顯現出來就是嚴肅又帶點緊張的神色。

類似的情境，也發生在他高中的時候，他到美國密蘇里植物園去暑假實習，園長是彼得．雷文（Peter Raven），一位在國際上非常受人敬重的植物學家。這麼一位國際風雲人物，有一期的《時代》（*Times*）雜誌封面就是彼得．雷文穿著超人的衣服，意思是說，他是地球生態的救星。有一天晚上，彼得．雷文約他們幾個實習生到家裡吃飯，我那個從來就不修邊幅的兒子，竟然到街上買了一雙新皮鞋，再借條領帶，盛裝去參加這個派對。當我聽到轉述時，就把他幼稚園畢業典禮的那個表情連在一起了。平常怎麼樣輕鬆就怎麼樣活著的他，在某些特定的時刻，也有自己的另外一面。

又比如，大兒子讀小學時，有一次到溪頭參加學校辦的活動，我和他媽媽提前去接他，打聽到他們在一個禮堂裡聚會，我們透過窗戶往內看，見到這小子站在全班同學面前，搞笑地講笑話，模樣古怪，逗得大家樂得不得了，這跟我平常認識的他完全不一樣。

兩個孩子的區別很多，大兒子在同學面前的表現讓我意外，我也清楚知道，他不是一個有很多朋友的人。反觀小兒子，走在哪裡都有一群群的朋友，人緣非常好。我自己認為老大因為他聰明、毅力好、理解力強，這種人不盡然容易交到朋友。小兒子隨和，也許不及哥哥聰明，但是他很努力，又願意把弱點讓別人看到，自然朋友就多了。

我現在閉上眼睛，兩個孩子幼時的臉龐又浮現出來，不知道為什麼，那些他們努力長大，彷彿就要成為一個全新品種的生命場景，又突然回到了我的腦海中，在無光的暗夜山谷中，一幕幕地閃現。那稚嫩、認真的臉龐，好像在激勵著我，要我不要放棄。

第六章

尚未演化之物

We shall not cease from exploration
And the end of all our exploring
Will be to arrive where we started
And know the place for the first time.

— T.S. Eliot, Little Gidding, Four Quartets

我們不會停止探索
我們的探索，到頭來
會回到起點
並重新認識那個地方。

——艾略特，〈小吉丁〉，《四個四重奏》

第二天深夜到第三天清晨

00:00〜07:30

孤獨的人，群聚的神

突然一股強烈的疲憊感襲來，身體變得異常沉重，同時間，山谷裡的溫度直線下降，幾次隱約聽到遠處有人聲，試著坐起身呼救，不確定是否成功。那人聲忽近忽遠，在某一刻，突然理解那聲響可能是幻覺，畢竟身體受傷狀態下，體力已逐漸不支，生物學的基本知識告訴我，以人類來說，腦是最耗氧的器官，大腦在極度疲憊的狀態下，出現幻聽，乃至於幻覺都是可能的。算算距離發生意外的當下，應該已經超過二十四小時，而我的腦袋還是不斷運轉，或許該強迫自己進入另一段睡眠。

愈是這樣想，腦袋愈無法安靜下來，恍惚間，我的身體感知像是回到了襁褓中的嬰兒一樣，似乎要把自己縮得很小很小，才能夠避免不必要的能量散失，身心進行著最低限度的運作。這個策略似乎奏效了，我像嬰兒般嗜睡，或者說類似於一種冬眠狀態，透過深沉的睡眠，以換取更多生存的時間。隨著意識愈來愈模糊，再度啟動了那無止盡的夢境——

場景在澎湖，一個夏天的午後，風呼呼地吹，我前去找家中刻墓碑的同學，這一次不再遠遠地望著他們，我走進他們的住所，家中空無一人，庭中有一個正完成到一半的墓碑。再走近一看，墓碑上刻著的竟然是我自己的名字，不過最後一個字顯然尚未完成，只先刻了「糸」字旁。我一時玩心大起，刻自己的墓碑這種事我還沒有做過，就算是在夢中，我也想要試一試。拿起放在旁邊的工具，煞有介事地雕刻起來，手上的感覺不太陌生，我想起那段在中國大陸考古敲化石的經驗……

正當這樣想著的時候，眼前的景象突然一變，原先堅硬光滑的墓碑彷彿成為一大片粗礫的黃土，正想看清楚，一陣風吹過來，揚起漫天的塵土，有一些扎進了我的眼睛，讓我直流淚。好一陣子，我才知道我回到了雲南那個如夢似幻的小鎮，手中刻墓碑的工具成為敲化石的鋤頭。站起身來環顧周遭，依然只有我一個人。

這種「一個人」的感覺並不陌生，面對「孤獨」我並不恐懼，甚至還有那麼一點享受，我所熱衷的事情，都需要「孤獨」的能力，這在動物行為學中並非特例，只是人的孤獨與動物的孤獨，或許有本質上的差異。即便總有一句話說「人是群居的動物」，但這句話只說對了一半，因為人同時也需要獨居的能力。在孤獨之中，人常常可以發展出與一般動物不同的能力，比如創造力、比如想像力。孤獨確確實實影響著人類的腦神經發展，它似乎讓人可以更專注、更有效地完成眼前的事。

在那座如仙境一般的小鎮，彷彿真的可以「與神相遇」，我放下手邊的工具，朝著森林的深處走去，那裡相對於我站著的有光照射的地方，其實是一抹深沉的幽暗。我不太確定那促使我向未知探索的驅力是什麼，我一直以為是因為美。我在追求美的事物，比如矽藻或那些美麗的生物圖像，但此時隱約感知到，似乎有比美更重要的事。我有一個任務，要走進森林裡，要完成一件事，要尋找一個落難的人，要保護一個即接滅絕的生態世界……

「我要把自己救出來！」這個念頭倏然閃現，眼前一黑，仙境與森林都消失了。在一片黑暗的視域中，南庄家中那座最龐大的佛像慢慢地浮現出來，祂靜靜地凝視著我，我也凝視著祂，祂的眼中出現了一點一點的光芒，我眨了眨眼睛，才發現那真的是夜空中的點點星光，在無光害的山谷裡顯得特別耀眼。總之我醒了過來，好像真有一股力量從身體內部湧出來，頭腦頓時又變得很清晰，我知道我的大腦需要休息，但必須保持適度的清醒，尤其是在這樣一個山谷的冬夜裡。南庄家中的那些神佛，似乎也在默默庇佑著我。

還記得大概五十多年前，我曾被摩門教的傳教士攔下傳教，當時可能是被對方強勢的態度逼急了，我撂下了一句沒有實現的重話：「給我十年時間，如果到時合成不了生命，就信教去。」都說神創造生命，但我總覺得，生命的起源應該有更迷人的因果。

因此我愛神像，但心中無神，在很多場合我都曾公開提過，我希望看見鬼，但其實我與神佛的緣分來得更深刻。

那應該是十多年前的事了，我當時經過台三線的北埔路段，不期然注意到路邊有一家店面，外觀看起來有點破敗，並不起眼。但它的門口放了幾尊神像，這樣的搭配很突兀，卻抓住了我的目光，當下決定停下車過去看看，走近之後我發現那裡大概有十幾尊被遺棄的神像。我專心地觀察著，沒留意老闆也正在看著我，他突然出聲問我，喜不喜歡這些神像？我才驚覺他的出現。我開心地說，當然喜歡啊！沒想到他也不假思索地回應，那你就挑一尊帶走吧！於是我挑了一尊關公。那是我第一次「收藏」神像，之後每次無論是前往南庄還是離開南庄，我都會選擇路過這裡，看看還有什麼「新」的神像，即使我知道祂們都有一段各自的來歷，嚴格說來一點也不新。

第一尊神像是免費的，後來我覺得該付費，便習慣性地把口袋裡的錢全部掏出來，有時帶回一尊，有時帶回三、四尊，大概經過五、六次之後，我覺得這樣下去不太好，怕別人覺得我貪小便宜，以很低的價格將神像買走；另一方面，有時候又覺得自己口袋有好幾千塊，一次只換一個，有點捨不得。於是跟老闆商量了一個價錢規則，根據神像的大小和材質來定價，例如小尊的六百塊，尺寸更大的則是一千兩百塊，再大的則是兩千塊。規則定下來後，這樣的關係更自在了，前前後後我從他那裡拿了大概四百尊神像。

在台灣，公開地將神像遺棄是一件忌諱的事，所以有些人寧願花錢舉行退神儀式，當然也有人選擇偷偷地毀壞神像，用丟進河裡或燒毀等低調的方式來處理。但無論如何，遺棄對象畢竟是神，人們終究會有一種罪惡感產生。因此老闆說，許多人會把遭遇困境的神像專程送到他那裡，有時候早上一開門，就會發現門口擺滿了神像，其中一些神像還會用一張符或紅紙包住頭部。這是某些宮廟或家庭棄絕神像時的做法，他們會找一位道士，將神像的頭部包起來，以使神靈不知道自己被遺棄了。有時候，這些神像下面還會塞一個紅包。

我常思忖，落難的究竟是神，抑或是人？

老闆自己也是一位奇人，他聲稱具有通天的能力，可以為人算命，洞悉過去和未來。我不願讓他告訴我關於我自己的過去和未來，因為生活中的驚喜和未知是我最喜歡的部分，不過，我倒是問了他關於他自己的命運。他輕描淡寫地說他妻離子散，現在一個人過著孤獨的生活（是的，又是孤獨）。後來，我留意到他店鋪裡有三尊巨大的白玉神像，每尊神像大約有兩公尺半高，是由緬甸送來的，雕工精美。我對這批神像的來源感到困惑，老闆才告訴我背後的故事。原來，他曾是一名諜報人員，長期被派往緬甸從事地下工作，他甚至承認自己曾經參與過幾次暗殺的行動。他的外表黑黑的、體型壯碩、笑容常開，看起來的確有些像情治人員，這樣說來，要從緬甸透過特殊管道，取得這批神像，似乎也說得過去了。

大約七、八年前，某一天他告訴我，他未來的命運是死於非命，這件事與其說我沒有特別放在心上，倒不如說他特殊的人生經歷，讓他在說這些事情的時候教人感覺稀鬆平常。總之，不到一年時間，正值農曆年節，我幾次經過他家門口時發現鐵門緊鎖，這讓我心中有些不安，因為我和他怎麼說也有相當來往。後來才知道大年初一那天，大家看到鐵門連續幾天都沒有打開，覺得有點不尋常，於是撬開了鐵門，發現他穿著短褲，坐在躺椅上已經離世了。

我沒有再追問細節，心裡想的是，命運這件事，是否就算提前預知了，依舊對此無能為力？也許神明不曾落難，真正落難的始終是人。

雖然老闆不在了，然而我與神像的故事並沒有結束，一直以來都有不同的因緣，讓我與不同的神像相遇。久而久之，神佛們似乎也有一個LINE群組，口耳相傳著南庄山區有一個可供休憩之處，或者僅僅就是人與人之間實踐著某種六度分離的理論，各方機緣竟然在幾年之間一一具足。南庄玻璃屋的一樓收藏了超過千尊大小不一的神佛，每一座神佛都有一個來處，也有一個屬於我和祂之間的故事。

孤獨的人、群聚的神，我們混居在山林之間。

打造一座個人博物館

提到南庄玻璃屋，不得不提我與這個地方的故事。買了這塊地之後，並沒有馬上想到要做些什麼，直到有一次遇見一個當地的居民，他一碰到我就說，李教授，你應該回來看看你的地，螢火蟲很漂亮啊。當天傍晚再來，果真漂亮得很，立刻就決定在這邊蓋房子。那時候的法規得要是自耕農才能蓋農舍，我太太於是就成了我們家唯一有自耕農身分的人。我還記得農舍的建築圖上，不曉得為什麼，地政單位的人就給這間房子寫了一個名稱，叫做「胡蝶蘭農舍」。

當時整建這塊地，要找人蓋房子的時候，我差不多同時買了在科學園區旁邊的另一塊地，在那個社區認識了一位說是會蓋房子的人，我便找他來幫我蓋南庄的房子，結果蓋了一半他周轉不靈就跑掉了。後來我另找人來完成後續，儘管如此，那個房子包括地板與廚具，才花了三百萬。以一棟三層樓鋼骨玻璃的房子而言，算是非常便宜了。二〇〇〇年二月開始動工，兩個半月就把這房子蓋好了。

這棟房子其實就是我個人的博物館，屋外的各種空間規劃與動線安排，以及屋內的收藏擺設，都是為了創造一種「博物體驗」。整個南庄玻璃屋沿著山坡地，大致可以分為三區，最下面的一區有一泓豢養著水生植物與錦鯉的水池，池邊是專門放置神佛的空間，三面落地玻璃的設計，讓眾神佛的目光可以投射在綠意盎然的樹影之間。沿著石階往上，正上方則是一個類溫室的空間，採光更好，中間拼置了一個可坐三十人左右的大長桌，做為宴席場地也適合。

再往上一層，就是透天厝式的主建築，擺滿了來自世界各地，我蒐羅而來的「寶物」：畫作、青銅器、陶瓷器、化石、礦石、生物標本和中藥材等等。每一個物件都是我「貪婪」的具現，它們就是我的名牌、我的奢侈品。有時候會想，是不是當我毫不掩藏地把我內在的貪婪，透過收藏這種形式展現出來，欲望因為被「他者化」，才不會溺斃於無窮盡的欲望之中。

不時會有人問我，在所有的收藏之中，是否也有「最珍愛」的一個？一開始，不同時候、不同情境下被問，我可能都會有不同的答案。後來有一天，我突然想通了，收藏這件事某種程度上，可能也像是生物多樣性【註1】，每一種獨特的存在都是唯一的價值。如果說生物多樣性，帶給地球一種正面的、推進演化的力量，那麼人類所創造的藝術品，也依循著類似的邏輯，收藏其獨特性並呈現其多樣性，就是

收藏的多樣性，創造一種「博物體驗」。

為了促使人類再去創造另一種全新之物，或者說，一種尚未演化之物。

如果真要說我的收藏有什麼價值或特色，我相信那絕對不是關於其珍稀、年代或價格之類常見的檢視標準，我所熱愛的始終是物件背後的人、故事與時代，以及蘊藏其中無限的想像空間。舉例來說，在我家門口的五斗櫃上，放了從天津著名的泥人張彩塑工作室買來的一對相聲人偶，因為我們全家都愛聽相聲。擺上之後我看了看，覺得這對相聲人偶，應該要在一個像樣的劇場裡「演出」，所以我拿來一億五千萬年前侏儸紀的菊石化石板當背景，再加上一塊漢代的墓磚當舞台，在人偶旁邊，我再放上正為了繁衍後代而鼓動鳴囊的青蛙紙雕，以及一隻方生方死的蟬，一個小型的策展就此揭幕。總而言之，我非常喜歡這些物件，以及它們的來歷，可以帶著我走進一個遙遠而美麗的世界。

話說回來，其實蓋這棟房子，我還問過漢寶德的意見，我畫了一個大概的地形圖給他看，稍微解釋了房子的走向，我說門前這條路上來，想設計得像一個口袋。他堅持沒有人這樣蓋的，他說門要從另外一邊進來。我思忖片刻，決定還是要依照自己的想法去做。我的想法很簡單，想讓訪客跟自己每次都可以走過一小段路，然後才進來建築物本體，不要直接進來，先感受外頭的山林有多美。等房子蓋好了，我就找漢寶德、徐小虎與一些好友在這裡辦一個派對，外頭下著雨，我們在二樓吃飯，我帶漢寶德到三樓俯瞰，即便他仍堅持地說著：「我們建築師不會這樣蓋……」但我看見他的雙眼已然被這樣美麗的景色所吸引……

遺體自備指南

其實我是很欣賞這樣堅持己見的人，因為我可以理解那種擇善固執的想法，就像我覺得想要做、值得做的事，大致想清楚之後，我就會去「直接敲門」。這種「直接敲門」毫不迂迴的習慣，現在想起來，確實與我的愛好有所連結，比如我著迷於那些美麗的生物，我想做的不是去透過文字描述他們多美，文字對我來說，似乎還是過於迂迴，我想到的是拍照、做標本，「直接地」把那個美捕捉下來。這種性格也許很適合從事科學研究，甚至面對「自己的死亡」，我也想透過這樣的方式保留下來，想要製作一份「遺體自備指南」。

這是很認真的事，因為我自己敲化石，也保存活生生的動植物。我家中櫃子裡有一顆化石，是我在左營當兵的時候，從半屏山採回來的一個漂亮貝殼，這是我的第一塊化石，它在我的手上放了四十五年以上。養動植物，也是我從初中開始就很熱衷的興趣，所以我很早就感傷於生死的問題。過往的物種，或者是個體，能夠被長久保存下來的機會是微乎其微的，那真的是塵歸塵、土歸土啊。從整體生命來說也是如此，我們是宇宙塵埃重新組合而成的個體，將來又要重新解體回到宇宙裡，生命就是如此。這些思索隨時都在我腦中，就像是我種下的第一株植物，它的花開花落、盛放與衰頹，都在提醒並教導我這件事——沒有事物是永恆的，或者我該這麼說，唯一永恆的是那必然的滅絕，與其後的新生。

即便這是一個顯而易見的道理，但自古至今，人類還是做了許多類似於「直接敲門」的事情。所以我們會看見古人努力把自己的遺體，放在華美的棺木裡頭，建造讓後世無法破壞的墓穴。這些帝王將相的墳，有時候要挖三、五十公尺才挖得到，它埋得那麼深，甚至設計各種機關防止後人接近，除了要保護其中的財產，我覺得這當中，似乎隱約傳達著人死了之後，還希望擁有他自己，人們想保護那具與自己共存了幾十年的身體。我不確定這種想要保護肉身的心態，是不是期待著某種「復活」，但是人類對於「存在」的執著，無論如何是擁有非常悠久的歷史。

所以不論是人，或者是久遠的生命，我都知道絕大多數不可能被保存，但是又好奇如果保存得好的話，可以不朽到什麼程度呢？

我喜歡做標本，這些年來最有興趣的一件事就是把鮮豔、脆弱的花朵，以特殊的方式製成一種可以保存它顏色與形狀的標本。這是我最得意的事情之一，將來還會持續發展。我自己知道這是在製作標本上極為關鍵的突破。以前植物標本都是報紙一壓，烘乾了，變成枯黃扁平的標本，大家就覺得這是寶貝，放了一兩百年把它拿出來，用數位相機拍了，然後就變成數位典藏。大多數人忽略的是，其實那個標本裡，有很多資訊都已經不見了：顏色不見了，立體形狀不見了，裡面有很多DNA分子組合的基因也壞掉了，偶爾能萃取出一些DNA，大家就興奮得不得了。可是生命是如此立體、美妙、多樣的顏色組合，把它栩栩如生的保存下來，是一件多大的挑戰與樂趣的泉源，我就非常欣賞那些會做標本之人的手藝。

總而言之，把自己變成一個標本，不是一個荒謬的空想，等我把本領練就好，我當然可以寫出一本《遺體自備指南》，甚至就按照這本書，把我的肉身演練式地做成很多種標本。有時候我會想，野地裡獵殺的老虎、大象做成標本掛在牆上，在某種人類文化中是一種成就或炫耀。同理可證，把自己變成一個標本，放在櫥櫃裡好像也沒什麼不對。

把死亡當作一件好玩的事

有一天心血來潮，我就想找找看，誰是天底下最會把人做成標本的技師。因為在二十年前曾經流行過一個展覽，就是把人剝了皮，露出肌肉，塑化以後做各種古裡古怪的展示。例如騎在一匹馬上，馬皮全部剝掉，露出牠的肌肉，你可以看到馬在走路或奔跑時，繃緊的肌肉是何等美麗；同時馬背上的人也是剝光了皮，露出他的肌肉；或是兩個赤裸裸的人，在那裡下棋，露出皮膚之下身體的細節。這是頗受爭議的展覽，是好是壞是另一回事，但終究我知道世界上有這個技術的存在，我還認真去找誰是這行業的佼佼者，有誰願意教我怎麼做這些標本。

後來我發現這項技術的發源地在德國【註2】，而中國大陸有位姓隋的教授，他學會了這項技術，並且成立公司，製作各種類型的動物標本，同時也做人的標本。我聯絡了隋教授，還跑到大陸去看他的實驗室，然後跟他交朋友，參觀他詳細的製作流程。

那其實是一間生物科技公司，有非常龐大的廠房，可以把一隻鯨魚做成剝了皮或留著一些皮的標本，直接吊在廠區內展示。又比如，他們把一隻站起來比人高很多的巨大灰熊，處理成半皮毛標本，充分顯露其精巧的手藝，熊背上保留一塊皮毛，露出底下大概有十公分厚的白色脂肪，以及其下的肌肉。光這個展示就清楚地讓我們知道，為什麼灰熊在北方酷寒下，可以在秋天之初就讓自己體溫下降，接著有大半年的時間不吃不喝，睡在洞穴裡頭，就是因為有這十公分厚的脂肪層，牠才有足夠能量存活下來。這位隋教授做的事情讓我讚嘆，他也慷慨地帶我了解每一個製作標本的過程。

就目前的技術而言，把人做成一個不朽的鮮活標本不是太大的問題，重點是肌肉，因為肌肉必須要填充一種高分子材料，才能完美長久地留住形狀。做一個人的塑化標本要多少時間、多少空間，需要投入多少經費，在那次的參訪之後，基本上我清楚了。

但是我不一定要做那樣的標本，也可以找個人在我死了以後，把我丟到一個大的熱水鍋裡，煮爛了，把肉剔了，那剩下的就是一副骨骸。或者也可以把我丟到一個地下室的封閉空間，把那些

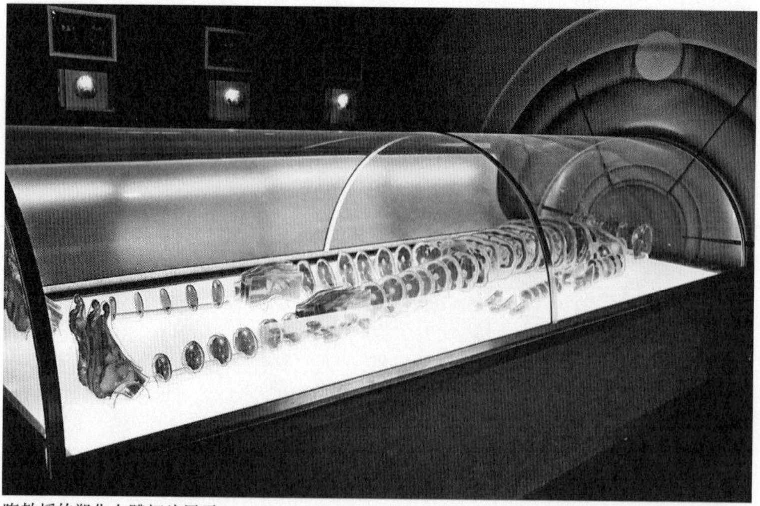

隋教授的塑化人體切片展示。

吃腐肉的蟲子丟進去，過幾個月肉吃光了，剩下的也是一副白骨。就好像我們把一隻鯨魚變成一副骨骸，中間在什麼時候要放進過氧化氫去漂白，又要放些什麼化學藥品，其實是一樣的做法。我知道要把自己變成一副白森森的骨骸其實不難，所以這個《遺體自備指南》可以有很多層次。如果嫌麻煩，那留個頭紀念，也可以，留個手、留個腳，也可以啊。對我來說，這不是想要永生的念頭，而是把自己的身體當成一個趣味的行動，有點開自己玩笑的意思。

這也不算實驗，它就是一個好玩的事件，讓大家想想人生就是如此，人也就是如此，沒有什麼神聖，沒有什麼永垂不朽，沒有什麼永生。你也可以放把火燒了變成灰，灑在庭院是一個做法，丟到海裡也是一個做法。我想起有一次到大陸，跟中國科學院的古生物學家喝酒聊天，他問我說，你知道鄧小平死了以後被怎麼處理嗎？我說，我知道毛澤東是被泡起來，放在玻璃棺裡。他接著說，鄧小平死了以後燒成灰，一半的灰撒到海裡去，另外一半裝進一個罐子，放在國家歷史博物館的庫房裡，他認得庫房的一個年輕小夥子，這傢伙最得意的事就是帶人參觀庫房的時候，指出鄧小平的骨灰罐，蓋子打開把手伸進去沾點粉，然後讓大家看看，鄧小平（的骨灰）就在我手上。

很多人避談死亡，但我和母親的對話就非常直接。有一天她跟我說，她死了以後要我怎麼處理，我也明白告訴她我會怎麼處理。隔一段時間我會再向她確認，而最近的一次對話，她說，她不要像我爸爸一樣，在棺材裡一個人孤伶伶地放在陽明山，她不想去那裡。她指著我說，你自己也很少去，把你爸爸丟在那個地方。我說，爸爸死了沒有任何感覺，誰去看他，他也不知道，掃墓純粹是後人自己安慰自己，表達對祖先的情感。總之她不要被埋起來，我說好啊，她說要燒成灰，我也說可以，還補充道，那我將爸爸也挖出來燒成灰，把你們兩個混在一起，裝在同一個罐子好不好？她想了想，竟然說這樣也滿好的。下一次見面，我準備跟她談，看那罐子要怎麼裝，是用玻璃的、塑膠的，還是要什麼其他特殊材質？我會跟她分析所有的細節，這就是我對生死的看法——把它當作一件好玩的事來做。

很少東西可以被製成標本保存下來，肉體骨骸基本上都消散了，即便是古代貴族墓穴的陪葬品，那些最好的鐵器基本上都會鏽蝕，能夠完整如初留下來的可能僅止於玉石。但是即使肉體全壞光了，在特殊狀況下，有些生命遺體的化石，透過電子顯微鏡，都還看得到清晰的結構，這是我的專長，因為我曾在貴州的磷礦裡，找到地球上已知最古老的動物化石。那些無數的動物胚胎，在電子顯微鏡底下觀察，我還可以看得到脂蛋白的分子排列方式。

這些年來，連遠古恐龍與鳥羽毛化石裡，色素顆粒都可以在電子顯微鏡下被觀察到，從而推估當年牠活著時的羽色，因為不同顏色的色素顆粒形狀與大小是不一樣的。以前復原一隻恐龍，除了找到骨架拼湊起來，還可以合理地將肌肉及皮膚繃上去，然而羽毛的色彩全部是想像出來的，是虛構的，是畫圖者自己隨心所欲上的色。想像與真實，一直是程度的問題，想像力推展到了極致，一種真實感自然而然就會浮現了。

「我」的平行宇宙

第二天的清晨悄悄到來，像是在模仿昨天的清晨一樣，整座山谷裡的聲音、氣味、溫度、濕度似乎都沒有改變，唯一改變的可能是我，我的身心整體變得更虛弱了。身體內部因為強烈撞擊，可能有些地方正在微微出血，腹部與頭部都悶悶地痛著。對於獲救，我也沒有第一天那樣樂觀了。可是我捨不得人世，除了樂觀地覺得活著就是幸福，更可能是無從想像死後仍有來生的情境。死後的世界究竟存不存在？這命題我無法解答，但最新的科學研究進展，提供了另一種存在的可能。

那就是所謂的「量子糾纏」。簡言之，兩個量子的粒子態是物質的極小單位，這兩個粒子一旦接觸，建立過連結，就不能再被視為獨立的個體。換句話說，就算它們隔了幾十萬光年，仍然會「同步」有所反應。有學者運用這樣的理論，來解釋大腦與心臟之間的關係，明明是不同的器官，但實驗證明，大腦中的質子會與心跳產生連動現象，某種程度上很好地詮釋了，為什麼世界上的不同語言中，都會有「傷心」這樣的詞彙，去指涉一種其實與腦更為相關的心理反應。

更有人認為，量子糾纏證明了平行世界存在的可能，也就是這個世界只要兩個物質彼此互動過，對個別量子而言，自身的每一次「反應」，都足以牽動數以千萬計的遙遠的另一個量子產生反應，而且是同時反應。在那個「同時」之間，平行宇宙就有了合理存在的可能。

我想像有一個不曾發生車禍受困於山谷中的「我」，在遙遠的另一個平行宇宙中「同時」存在著。在那個時空裡，回憶是由不同時空中的自己所共有的，「我」感受過澎湖的海風，「我」記得第一次戀愛時的悸動，「我」懷念那段在撫仙湖畔挖化石的歲月，「我」對屏東植物保種中心的願景依舊信心滿滿……。總之，舊的所有關於我之所以為「我」的種種點滴，都是那麼真實地發生過，而「我」與其後的世界都是新的。【註3】

在若干年之後，我從學校退休的某一天，非常平常的某一天，平常到它可以是任何一天。這一天，我在玻璃屋從睡夢中醒來，也許還做了一個發生車禍被困在山谷裡的夢。起床，盥洗，準備早餐，然後快速地把那個可怕的夢境忘了，因爲腦中還在盤算著後天要去演講的內容。簡單吃完早餐，如往常一樣忙碌，開啓電腦，打開那個名爲「未竟之事」的資料夾，資料夾裡又分了兩個資料夾，其中一個被命名爲「眾生和平」，另一個則叫做「璀璨蘭嶼」。這是持續發展保種中心的業務之外，我準備在退休之後，以六年爲一個時程，想要完成的兩件事。

過往十多年，我們從世界各地把熱帶、亞熱帶物種匯聚在屏東高樹的花房裡頭，我自己知道這是一個暫時的、不得已的措施。首先，光是如何把這些多樣性的物種養活，然後如何適當地可以繁殖，維持它們的基因存續，以保障其多樣性，就需要許多專業參與。但無論如何，它們還是被困在花房裡，就像「溫室裡的花朵」被緊密地呵護著。諷刺的是，這種溫室策略，也削弱了它們適應環境的能力。例如，我們幾乎每個月整個花房都要噴殺菌劑、殺蟲劑，這些植物在花房裡又只能進行無性繁殖，同時失去了跟微生物、動物互動的機會，因此我深知，這是一個暫時的過渡階段，而非永續的方式。

最好的方式，是找一個大型的立體空間，試圖演練怎麼把多樣性的物種，邏輯性地組織在一起，並且讓植物跟動物互動，微生物也要參與其中。具體來說，我想找一片樹林，或者一塊野地，製作一張綿密的網子，把整個樹林「網羅」起來。接著按照生物知識的邏輯，把來自世界各地的物種引進去，嚴肅地說，這就是一個科學演練的計畫。現有生態系的崩解，幾乎是必然就在眼前的災難，我們儲備這些素材就是爲了重建自然，因此能及早開始演練才是對的。

後來我跟台泥的董事長張安平談這件事，他說，我們在花蓮的和平廠也許是個適合的地方。兩年多前，他們建了一個和平休息站，對面有一片樹林，兩甲多的土地。我要了一張空照圖，同時立刻趕去花蓮，看了之後，知道這就是我想要的地方。我請他把這塊地交給我，讓我在這裡實現生態重建計畫的演練。我們不只種樹，樹上還要種很多附生植物，樹下耐陰的物種也要引入。我預計在這「天網」內種上四千種植物，昆蟲、蜘蛛、蚯蚓、蝸牛、青蛙等陸續進駐，土壤裡的眾生也會是關注重點。

我還找來讓我很得意的學生周巧其，她是一位傑出的科學藝術家，簡單討論之後，她幫我畫了一個擁有溝渠、池塘與濕地的水道系統設計圖，水生動植物將更豐富這裡的生物多樣性。在我的想像裡，將來這個園區可能會適度的開放，但訪客進去只能走在空中廊道上，地面要留給蚯蚓、蝸牛、青蛙、烏龜等生物，天網最主要是隔絕掉飛鳥、猴子那些掠食者。這個生態系重建的演練計畫，是從生產者、分解者和初級消費者逐步往上建構，我也邀請了台北市立動物園、自然科學博物館，還有民間不同領域的專家，準備一起攜手來建造這個很特殊的、一個半封閉的人爲組織的生態圈。

活的生態方舟

第二個計畫是「璀璨蘭嶼」。我對蘭嶼有很深的感情，一九八五年一月我回到清華大學教書，一年之後，就決定去蘭嶼一趟，那時候蘭嶼人對於政府在蘭嶼放置核廢料有很強烈的反彈，我認眞去看了核能廢料場，看到貯存槽內那些生鏽的廢料桶，鏽水帶著放射性，確實不是個合適的做法，做爲生物學家，我非常心痛。

關於蘭嶼問題，大家有不同的看法，有人說這就是欺負當地的原住民，其實某種程度上來說，這整件事反映了學界在那個當下無知的狀態。因爲在一九八〇年代，美國和所有先進的國家都是往深海丟放核廢料，把廢料裝在鐵桶裡，就往海裡丟，丟到很深的地方，當時科學家們覺得丟下去以後就鎖在海底了。他們竟然愚蠢到不知道鐵桶會生鏽，不知道海洋是活著的，表面有表面流，深海裡也有深層的海流，海水無論再深，都是在循環流動著，全世界的海水大概一千年就繞一圈，從表面沉到海底，再從海底上升到表面。從今天的眼光來看一九八〇年代初期的學界，人們確實是無知的，台灣當然也不例外。

那是我與蘭嶼的第一次接觸，後來又去了幾回，也對當地的風土民情有極高的興趣。某次有個人家慶祝新船建成，我就問舊船怎麼辦？主人說要拆成十幾片，賣給台北的古董商。我求他別拆了這麼漂亮的拼板船，整個讓給我吧！隔天它就上了運放射性廢料的回頭船，成了我的珍藏。當國家地理頻道準備拍攝保種中心前往索羅門群島採集的影片時，他們提議說，能不能先到蘭嶼拍一下保種中心在蘭嶼做的工作？我很贊成，於是二〇一七年的暑假，跟著拍攝隊伍再次造訪蘭嶼。時隔多年左右，驚訝地發現蘭嶼完全不一樣了，觀光帶來了許多改變，也因爲跟著專家去探訪，我注意到蘭嶼更深刻的獨特性，深知這座島嶼不能繼續這樣下去了。

我回想起當科博館副館長的時候，負責推動博物館的國際化，其中一項專案就是要把科博館的展覽送到美國洛杉磯的自然史博物館做「移地展覽」。我到現在還認爲，那是台灣少見的跟國際間博物館合作的成功案例，我們的展覽成爲那一個年度募款餐會的開幕重頭戲。當時希望跟洛杉磯自博館不只是建立展覽關係，我們彼此都有很多學有專精的研究員，如果能夠攜手合作，挑選個有意義的地方展開全面性的自然生態研究計畫，那會是非常好的事。

後來我們協議的合作地點，正是蘭嶼。雖然等到眞正成行的時候，我已經離開科博館，到雲南敲化石了。但那應該是台美兩地的生物學家，第一次聚在蘭嶼展開全面的合作研究。

那次重回蘭嶼，不僅更明確知道這座島嶼的獨特性，同時也認知到它所面對的威脅是如何巨大。蘭嶼有什麼生態特色呢？簡單來說，它是一座約四十九平方公里的蕞爾小島，但是竟然有超過一千種的植物，其中有六十種是全球僅見於此的特有種，另外有兩百多種不見於台灣本島，而是從菲律賓或琉球傳播過來的。蘭嶼是一個匯聚了台灣、菲律賓與琉球多樣物種，以及獨立演化出新物種的一個生態系。

這座複雜而精彩的小島生態系被命名爲蘭嶼，是因爲過去大家看到蘭嶼到處都是蘭花，可是當我想找一張照片，能夠顯示蘭嶼偏佈蘭花的歷史，卻遍尋不著。可能是因爲當時大家對於地貌習以爲常，等到想要拍照記錄的時候，蘭嶼已經不是「蘭花島」了。這個經驗帶給我一個直覺的想法——我們應該擬定一個行動，讓蘭嶼重新變成「蘭花島」。

我想到了台電在蘭嶼的特殊性，注意到他們很積極地想跟蘭嶼居民互動，也設置了許多行之有年的補助機制，但似乎怎樣都換不到當地人的諒解與支持。所以我再度「直接敲門」，到台電拜訪核能廢料處理中心的處長和副處長，跟他們說，我現在有個想法，是關於把蘭嶼重新變成蘭花島，所有的事情我都可以找到資源，主要是想邀請你們參與。他們一開始都以爲我是去「要錢」的，但其實這項行動花不了太多費用，只要找對了幾棵蘭花，明確知道是原產於蘭嶼的，後續再做人工授粉，產生種子在無菌瓶裡播種、繁殖，就有機會產生大量的後代。我背後另一個隱藏的動機是——這件事由台電來支持有它特別的意義。

後來台電眞的支持了這項計畫。有時我會覺得，重點不在以前犯的錯，我們應該把握當下實際行動，很多有意義的事情就是這樣開啓的。我們把四種蘭花的四千株小苗陸續送回蘭嶼，電視台也來拍影片介紹這項行動，到了隔年，我們想要將

「蘭嶼專案」繁殖的對象擴大，不只限於這四種蘭花，而是蘭嶼特有的植物物種全面性的大量復育，甚至也不該只有植物，蘭嶼有很多特殊的昆蟲，其他的生物都應該一併納進這個復育計畫裡，於是我把主意動到了小蘭嶼上。

蘭嶼外海的小蘭嶼是一個無人島，面積有一點七五平方公里，一般船隻無法靠近，要上岸得跳下海游泳過去。小蘭嶼曾經是軍隊的靶場，也就是炮彈、飛彈攻擊的對象。我找到齊柏林當年拍小蘭嶼的照片，以它的地理氣候，小蘭嶼該有著熱帶雨林的生態，但是從空中看，照片上早就看不見茂密的叢林，而是一片草原，隔幾年還會起大火。曾有人放生了幾頭山羊到島上，現在已有上百隻了，這些羊群大量啃食植物，進而破壞了自然的生態系統。因此，如果要演練重建自然，小蘭嶼是一個很好的選擇，也就是說，我們可以把蘭嶼生態上的各種獨特性，集中複製到小蘭嶼。如果有足夠的經費，應該弄架直升機吊掛個貨櫃到小蘭嶼，讓從事復育工作的研究者能夠有一個基地，島上沒淡水供應，只能靠雨水，也要設計個水攔截與貯存設施。

藉由清華大學科技考古中心的安排，我邀請學界、文化界與企業界幾位有影響力的朋友們到蘭嶼參訪，同時賦予他們一項任務——「爬樹」，協助我們將繁殖出來的兩百株蘭花，一一種到樹上去。對於這些教授、企業界的董事長們來說，這顯然是一件新鮮的事，那種神聖的、拯救些什麼的具體感受很可能油然而生。有一位董事長就主動跟我說，這件事情這麼重要，他能參與什麼呢？我就說，過往我們也開放一些機會，請大家贊助保種中心的行動，五十萬台幣的金額救一個人遠遠不夠，只能發點獎學金，但如果用在植物上，可以拯救一個物種。

同行的蔡能賢是科技考古中心主任，也是台積電退休的資深副總經理，他在種完蘭花後很認眞地告訴我，十一月是他生日，想做一些有意義的事情，這個蘭嶼和小蘭嶼的計畫他能不能參與？他決定自己先捐一千五百萬，不足的部分再讓別人支持，於是我們就有了充裕的經費來推動這計畫。

經費有著落了，我就找了科博館的館長焦傳金，跟科博館的研究員們開了一場討論會，大家熱情洋溢，非常樂意從不同的領域參與蘭花島復活計畫。特有生物保育中心甚至說不需要額外的經費，他們可以把自己的研究重點轉成這項計畫。我的構想是在蘭嶼成立一個工作站，讓不同領域的科學家可以在那裡安心工作。建工作站的進展也很順利，蘭嶼鄉公所慷慨地將舊有房舍交給我們改裝。

蘭嶼是如此的獨特，從日治時代開始一直有調查研究工作在進行，蘭嶼的動植物、地質學、人類學等等，拍攝過不少影片或紀錄片，只是散落在各地，所以我們同時也定下了一個目標，要把有關於蘭嶼的文獻匯聚起來，予以電子化。我希望建立兩套系統，一個是線上的資料庫，另一個是實體的資料。這樣一來，不僅僅是蘭嶼自然史的展示，也是文化史的留存。那麼多的觀光客來蘭嶼，玩一圈下來，對蘭嶼的認識還是非常有限，如果能夠有一個小型的蘭嶼博物館，該有多好！

在當地耕耘已久的蘭恩基金會，正好有個蒐藏豐富的文物館，商談之後，我們合議將之擴充為「蘭嶼文物自然史展示館」。這樣一來，不僅能強化人們對於這個地方的理解與認同，久而久之，蘭嶼自然會成為一個活的生態方舟，而不只是一個度假勝地，或是丟棄核廢料的化外之地。

璀璨蘭嶼正要發光之際，又發生了另一個插曲。

前陣子收到來自桃園機場總經理的訊息，他之前與朋友來南庄看我，對於言談間提到的「保種計畫」印象深刻，問我有沒有興趣在桃園機場做一個關於永續生態的展覽？預計提供的空間是在第二航廈，一個挑高有八公尺高的場所。聽到描述後，浮現在我腦海中的第一個畫面，是一片環繞在雲霧之中的森林景象。

這與近年來各界都在關心的氣候變遷議題息息相關，因為極端氣候的影響，全球的雲霧開始消失，取而代之的是來得又急又快的豪大雨。前些日子才剛肆虐過蘭嶼的小犬颱風，就是一個例子。媒體只報導了港口漁船和民宅之類「人類財產的損失」，卻忽略了颱風造成的「原野環境的創傷」。後者除了無法替自己發聲，有時候甚至形成不可逆的傷害。

風災過後，收到蘭嶼工作夥伴傳來當地各種滿目瘡痍的照片，樹上的葉子幾乎被風吹落，只有當初那一批被我們送上樹的附生蘭花，因爲根部已緊緊扒住樹幹，竟然撐過了有紀錄以來全球第三大的瞬間陣風與鎮日風雨的肆虐。但少了樹葉遮蔭的蘭花，是否能在陽光曝曬下存活下去？這是不是也是一種 sign 呢？正因爲未來災難只會更嚴峻，才更要積極面對。想著想著，更加點燃了我的熱情，在電腦上開啓了另一個新資料夾，我打算把它命名爲「雲霧森林」……

如果在外太空，一個礦石獵人

即便另一個平行時空中的新計畫讓人熱血澎湃，但身體的疼痛提醒我，我還困在這個時空中的山谷裡，所有的感覺好像集中到了頭部一個非常神祕的位置。

我想起在生物學上，生物從輻射對稱演變到兩側對稱，其中很重要的一個演化意義，就是讓生物有了「頭尾」的差異，這個構造上的差異，影響了生物如何與空間互動的可能，頭部也成為一個類似總部的功能。幾乎所有與感覺相關的細胞都集中於此，因此，腦也可能成為一個比外太空還深邃未知的空間。恍惚間我覺得，自己好像進入了那個神祕的空間，彷彿生命將會迎來一次最大的「進化」，我會離開這個已經無法再承擔任何進化可能的身體，成為另一種生命的狀態。我想像那是一種放射性般的存在，而我會存在於每一個曾經跟我互動過的生命體之中。

這可能是從發生意外到目前為止，我覺得最接近死亡的一刻。很奇怪的是，那並非發生在身體最痛的時候，也不是發生在某一個關於死去的人的夢境之中，而是發生在一個我覺得神智相對清明的時刻。當我想到這件事的時候，腦海中浮現了一個非常老套的畫面——一具蓋著白布的屍體。衍生而來的問題是，如果之後有人真的在山谷裡找到我，而我那時已經死去，我想要如何被看見呢？

想到這裡，我又有了力氣，既然無法將自己的遺體做成標本，但我還是想要打造自己「死去的樣子」，我幾乎是用上了身體最後一絲絲的氣力，用隨手找到的尖石，從山壁上砍下了一片姑婆芋，以及幾片筆筒樹的葉子。我躺回那塊大石頭上，把這些葉子覆蓋在我的頭部，像是一場小小的個人的儀式，我打算就這樣等到那一刻的到來。

我常在很多不同的場合都提到過，我這輩子所學習到最重要的知識，就是瞭解地球上生命興衰的節奏。如今，我將有可能真正成為這個節奏中的「上一拍」。另一方面來說，如果將時間的刻度放大，在地質學中，我所存在過的「這一拍」，也許就是地質年代中被稱為「人類世」的那個年代。用比較常見的說法，如果把地球誕生到現在大約四十六億年縮小比例為一天二十四小時，則人類出現的時間會是在二十三點五十九分二十三秒，然後人類在二十三點五十九分五十九秒的時候，學會使用了工具，在這不到一秒的時間內，人類對地球所帶來的改變，足以成為一個全新的地質年代——人類世。

億萬年之後，已經歷過第六次大滅絕以後的未來，若有其他的生命開採到這個「人類世」地質年代中的化石，它們可能會驚訝地發現，地球曾經有一種被稱為「人類」的生物。我們曾在那短暫的時間中，創造並留下了無數人類特有的「存在證據」，比如地層中的不鏽鋼、塑膠和各種人造的混凝土，大氣層內的二氧化碳幾乎是上一個地質年代的倍數之高，而這些人類排放的二氧化碳，極有可能以氣泡形式保存在冰河地層中。

又或者，我再度開啟另一個平行宇宙，在那個時空中，我們成功地延緩了這個由人類自行觸發的第六次大滅絕，而我的某一代後人，身體中攜帶著我的基因，成為了一個漫遊於宇宙星際的「礦石獵人」，負責的工作是在不同的星球開採礦石。他之所以選擇這個工作，是因為他曾聽過一個關於他的祖父的祖父的祖父的祖父的故事，在那個故事中，他的祖父的祖父的祖父的祖父，曾是一位博物學家，在一場墜落山谷的車禍中，存活了下來……

不知道又過了多久，在姑婆芋和筆筒樹葉子的遮蓋下，我隱約聽見遠方好像有人在呼叫著我的名字……

註１—生物多樣性包括三個層面：遺傳多樣性、物種多樣性和生態系多樣性。在學術上的定義被擴及所有生態系中生物的變異性，它涵蓋了所有從基因、個體、族群、物種、群集、生態系到地景等各種層次的生命型式。生物多樣性長久以來提供人們的生存所需，舉凡糧食、醫藥、建材、衣物、化學原料及各式各樣的生活中的物質，都是由各類生物提供，人類享受著生物多樣性帶來的多元價值與成果。當生態系中的生物種類越多，生態系統較不會因為少數物種的變動而造成環境重大的改變，維持生物多樣性便可以維持生態系的穩定及平衡。（資料來源：Greenpeace 綠色和平，https://reurl.cc/kX0x0r）

註２—此技術應源自於一位德國的解剖學家岡瑟．馮．哈根斯（Gunther von Hagens），他以發明了生物塑化技術保存生物組織標本而聞名，同時也是人體世界科普展覽的主要策劃者。

註３—由於李家維教授的車禍受困事件發生於二〇一七年，因此在這兩節，以量子力學中所延伸出來的「平行宇宙」概念為引子，補述李教授在二〇一七年之後所發生的重要生命故事，並且以不同字體呈現。

後記

創作與逃脫的動線

廖宏霖

我記得研究所時期，有一天小說家老師W在一堂名為「創作論」的課堂上，講了三件他生命中曾發生過的事，確切內容我忘記了，印象中就是那種有點戲劇性但又沒那麼誇張，發生在生活中讓人生更像人生的事。總之，W老師分享完，正當台下的學生們聽得認真，甚至覺得走進了老師課堂以外的生命情境，某種距離感拉近之際，W老師突然說道，他剛剛說的三件事中，只有一件是真的，要我們猜猜看是哪一件？

當下，那份「距離感」似乎「扭曲」了，不是因為聆聽者原來百分之百相信敘事者的那份信任感突然消散，而感到崩潰或驚嚇云云，就另外一個更重要的層面來說，那股扭曲的力道其實來自於感受到了「敘事」驚人的擬真能力。換句話說，當人們以敘事之名向他者看似敞開的同時，總是會有被遮蔽之處，我們原先以為敘事最大的力量來自於敞開的那一部分，實則不然，那塊遮蔽的、陰暗的、說不清的、模糊的、雙重的部分，或許才是敍事讓人著迷，或者說驚懼的部分。

W老師接著說，他想讓我們感受什麼叫做「小說感」，他認為這是創作小說時，最需要掌握到的核心事物。因此，「小說感」這三個字，是在後來我試著成為敍事者時，一直放在心中的三個字。我所理解的「小說感」，所指涉的未必是純然的說謊，而是透過「像是」說謊的技藝，去逼近那個現實中所難以被感知到的某些情緒、狀態，或者，我們就暫且稱為「真實」。換言之，事件本身是「中性」的，客觀上可真可假，但事件所造成的情緒與感受，乃至於觀念與意識形態的轉換，才是文學語言想要捕捉的「真實」，或是說，想要創造出來的效果。

這本書的寫作，便是我試著去演練那所謂「小說感」的一種嘗試。

過去我所寫過的採訪報導，幾乎都是單篇的文章，老實說只要在採訪過程中，抓到這個人物吸引人的點，呈現出此人物的某一面向，大致上就可鋪展成文，素材的有限，有時候反而更能凸顯單篇文章所想要呈現的人物側寫角度。但這次，是我第一次以一本書的規模，試圖呈現一個人相對完整的生命故事，那其中的差異，已經不只是多抓住幾個特色，或是同樣單篇文章的篇幅，再乘以所需篇數達到某個總字數就能夠完成。單篇文章與整本書，幾乎是全然不同的寫作體驗，甚至，嚴肅一點說，它需要完全不同的方法論。

因此，兩年前收到出版社的邀約，我有些猶疑，主要就是基於此方法論的闕如。然而，查了一下家維老師的資料，對於此人的生命經驗大感好奇，生物學家、考古、收藏家、保種計畫、車禍墜谷、玻璃屋博物館……。是的，我沒有經驗，但我很好奇，而好奇心應該是可以協助我寫一本書的，我直覺地這樣想著。

其後有賴於出版社與家維老師的信任，當初在進行寫作提案前，我們都有共識，希望出版一本有別於傳統自傳的書寫。我當時提出了兩個版本的寫作大綱，第一個版本叫做「回憶博物館」，描述的是有一天深夜，家維老師在博物館忙到很晚，準備回家時卻發現有些不對勁，原本應該寂靜無聲的博物館內好像有一些躁動，他走出辦公室，循著聲音的源頭探尋，打開一扇一扇門，開啟一段又一段穿越時光的回憶之旅……；另一個版本，則是目前各位看到的版本，就叫做「那一夜，我墜落山谷……」，從家維老師發生墜谷車禍，在山谷中醒來的那一刻開始描述，結合等待救援過程中的幾個關鍵點，以倒敘法鋪陳出他生命中重要的故事。

一篇文章與一本書所要處理的人物，即便是同一個人，但面對大量的素材，後者更多時候像是蓋一棟房子一樣，必須先有設計圖，設定入口與出口，幾個房間、幾組衛浴、有沒有前後陽台等等。簡而言之，一本書的寫作與空間設計一樣，都需要思考「動線」，那是閱讀的動線，也是所謂同理敘事者的動線。然而，究竟什麼樣的動線更適合這本書呢？回應前述所提及的，那張寫作設計圖的想像，相對於「回憶博物館」做為入口的新奇感，那場倖存的車禍、那個承載了家維老師在生死邊緣思索的深夜山谷，似乎是一個能夠帶領讀者走得比較深的入口。用一個很具體的例子來形容，如果是以博物館當架構，這房子可能只是個平房；但選擇以墜谷事件做為故事的入口，它有可能成為一座三層樓的透天厝。

為了創造這樣能夠走得更深的動線，我們決定以第一人稱的方式，結合第一手的訪談資料、寫手個人的想像，綴之以口述者曾發表過的文字，以及完稿後其逐字的校訂補充。以二〇一七年的車禍墜谷事件做為敘事起點，將口述者生命中幾個重要的事件，鑲嵌在這段與死亡最接近的三十二小時之中。大的事件為真，然補綴其間的角色意識發展，則未必「如實」，也難以「如實」。

第一人稱的寫法，有點像是我必須附身於敘事者身上，回到事故發生的山谷裡，藉由小說虛構式的寫作筆法，還原出一個真實而立體的場景。寫作過程比我想像得艱難，我很容易把複雜的事情想得很簡單，簡單的事情想得很複雜，這不知道是優點還是缺點。光是第一人稱這件事，在真正進入寫作狀態時，就讓我陷入一種「倫理的焦慮」。這跟採訪寫作不同，第三人稱的寫作，可以很自在地呈現寫作者的觀點；但第一人稱卻是把寫作者的觀點與受訪者本身綁在了一起，我所寫的每一個字，都代表了受訪者本人的意識流轉，都有可能開啟了一條截然不同的敘事路徑。但我終究不是受訪者，我也許能夠「揣測或模擬」出一種真實，卻難以真正「復刻」真實，每一個字都是選擇，因此每一個字也都如此艱難。簡言之，家維老師受困的那三十二小時，也許沒有真的「想那麼多」。

為了降低這樣的焦慮，我主要使用兩種寫作策略。第一個策略是消化了一些科學與生物的相關知識，有意地讓這些素材補綴進故事裡，塑造主角在現實生活中做為一位生物學家的獨特性。我想傳達的是，一位生物學家受困於山中會思考些什麼有其特殊性，他看到的東西顯然跟一般人不同，他思考的路徑也該是不一樣的。類似的痛感、意識的混亂、環境的觀察，都該有一個特別的專屬於李家維的描述方式，所以書中會有各位看到的感官細胞、演化論述、痛覺研究，乃至於量子力學等知識素材。這些素材都像是舞台上的道具，它們協助書中主角在無盡的獨角戲裡，開啟一段又一段的敘事，並回過頭來讓這些敘事，強化其自身存在的獨特性。

第二個策略是我在本書後半段調整了寫作的比例，揣測或模擬的部分少一些，多一點採訪逐字稿的文字整理，用意是去捕捉家維老師說話時的語氣。這個調整主要是借重家維老師流暢的演說能力。他是一位經驗老道的演說家，在至少十次的採訪過程裡，每一次與其說是有來有往的訪談，不如說更像是聆聽一場三個小時絕無冷場的演講，家維老師不用特別引導，就有其自然而然說故事的方式，使用的比喻與詞彙非常精準，思緒與邏輯都很清楚。我將一段段逐字稿稍加整理之後，分別就不同的主題擺放在書中不同的位置，增加所謂虛實交錯中「實在」的那一部分。

「實在」的部分還包括了某種「共同創作」的發生。全書完稿之後，家維老師一字一句細膩的閱讀與修訂，也舒緩了我原先在寫作時對於那條代言界線的倫理焦慮。更有甚者，他對於我所「虛構」的那些充滿小說感的段落，幾乎全然尊重，只著重於修訂事件的真實性以及文字語氣的調整，讓一些較為破碎的口語表達轉化成他所習慣的書面語呈現。簡言之，這是一本以小說筆法，再現口述者個人生命經驗的文學嘗試與共同創作。

在完稿後的一次討論中，家維老師如此提及看完稿件之後的感受：

這個過程開心極了，有點像是我交新朋友的模式，那也是我平常就很享受的事。我透過聊天瞭解不同的人，知道對方過什麼日子，生活是如何？從小長大的過程，喜愛的是什麼？最喜歡吃什麼東西？我藉著知道這些細節，好像進到另外一個人的人生裡一樣。所以一直以來，我感覺我不是只過單一的人生，我過了好多人的人生。

讀了這份稿子，也給我類似的感覺，我感覺書中的那位李家維面對跟我同樣的經歷，有些反應不太一樣，就好像有另外一個人跟著我一起，再一次經歷過去曾經度過的日子，但是在那之中有很不一樣的組合與感受。就像我第一次讀莫言的《紅高粱》，震撼於他可以將時空交錯，前前後後調動不同的場景與情節，寫出那麼一本漂亮的書，那確實需要很強的編織能力。換句話說，經由另外一位作者重新排列組合（我的生命事件），即使知道書中那個人是我，但是也不確定那個人是不是

「眞的就是我」，眞眞假假、虛虛實實，在這個過程裡，我覺得不只活了一輩子，彷彿活了另外一個組合的人生。

是的，這的確像極了一種編織的過程，好像只有將虛與實牢固地編織在一起，才有辦法在文字中創造出「真實感」。然而，弔詭的是，真實本身就是雙重的、詮釋的、感受的，文學存在的原因，不是去標示出某一個特定的真實版本，而是試圖展現其複雜性。易言之，這本書中的人物是真的、切入角度與架構是真的、故事是真的，甚至於一些接近科普的知識素材都是真的，但第一人稱之下，某種不得不的「揣測或模擬」是虛構的。我必須在虛實之間創造一些通道，讓主角可以更自然地穿梭於當下與過去，甚至未來，讓他的存在「合理」，讓閱讀中那條設計過的「動線」自然地浮現出來。

舉例來說，家維老師的墜谷車禍發生在二〇一七年十一月，距今已過六年，但這六年中，時光仍在流轉，事件衍生事件，做為寫作者，於是必須要有一個決斷：**我要讓書中的主角如現實生活中幸運獲救嗎？**

思考再三，我選擇了一個或許也是更具「小說感」的開放式結局。感謝你與我們一起墜落至此虛實交錯的記憶山谷，希望你已循著那條閱讀的動線，也活了另一個人生。

如果說寫作的過程像是跟著家維老師受困於山谷之中，現實裡家維老師是因為找到了一罐海底雞罐頭，在三十二小時內免於失去熱量而存活下來；我則是要在虛實之間，找到一個適合的比例，在十萬字以內的篇幅裡逃脫。也許，在這本書中，虛構與真實，其實只是一個程度與比例的問題，跟科學一樣，你必須提出一個全世界都覺得不可能的假設，然後當想像推展到了極致，有一種「真實感」就會浮現出來。那個時刻，就是我可以帶著書中的家維老師一起脫困的時刻。

再如果，讓我回到文章開頭所提及的W老師的創作課堂上，面對那三段富有小說感的敘事時，能夠再猜一次的話，也許我會說：**我相信三件事都是真的。**

推薦文

遙看一位執矛騎士去敲生死之門

孫維新
台灣大學物理系教授
《科學人》總編輯

我和李家維教授第一次見面，應該是在一九九二年，地點在科博館。當時漢寶德先生是科博館的館長，家維兄是副館長。那年我申請了一個國科會科教處的計畫，要拍攝一季十三集的天文科普影集「航向宇宙深處」，這應該是台灣第一次製作天文領域的科普影片，經費夠豐厚，更好的是沒有前例可循，我就充分發揮創意，各處去敲門，拍些當時國內外知名的天文設施和機構，科博館的「水運儀象」也是其中之一。家維兄有一回說，對我的第一印象是在科博館的走廊上，看到我帶著導演和攝影師向他走來，應該就是這次機緣。屈指算來，兩人交情已有一世三十年了。

家維兄的專長在生命科學，我所學方向在天文太空，本來是兩個相隔甚遠的領域，但從九〇年代開始，台灣的科普浪潮就逐漸風起雲湧，演講系列、科學營隊、科普論壇，和獎項評審這些活動如雨後春筍，到處冒出來。我當時自美返台，任教於中央大學物理系，那時全台灣還沒有一個天文研究所，為了提高大學生對天文的認識和興趣，我就連續幾年在山峰巍峨、林木參天的大雪山舉辦天文營，成效良好，唯一的錯誤，就是邀請了李家維教授來演講，因為當他講完之後，學生都想要去念生命科學！我報復的方法，就是到生命科學營去，講天文科學是如何的迷人。

從那時起，我和家維兄在各種場合見面的機會就多了，每每看到這位年輕學長站上台去，侃侃而談，從宇宙初起談到生物爆發，從化石胚胎談到火星生命，信手拈來都是有趣主題，內容豐富且有理有據，舉座賓服，感覺這人才高八斗、學富五車，就好奇人類演化怎麼會到這種境界？仔細一看，原來他是科博館的館長！

後來當我到了科博館擔任館長，才開始真正認識這個文明社會中的知識寶庫。科博館是個「學習」與「分享」的良好平台，館裡同仁每天沉浸在浩如煙海的蒐藏展示中，體驗「學習」新知的喜悅，再經由與遊客的「分享」，獲得回饋社會的成就感。我在館長任內，常常走到「展示」和「科教」的第一線，親自策展並做教育訓練，也常下場解說。館長做這些事情的好處，就是沒有人會攔著你。十年下來，讓我深刻覺得，人在過了五十歲之後，最有趣的工作就是博物館館長！

科博館在歷屆館長和同仁努力下蓬勃成長，其中漢寶德先生的遠見和家維兄的創意尤其令人佩服，像是科博館基金會的成立，讓這個館能在兩岸的科普教育中卓然挺立，成為各地科普場館模仿學習的對象。科博館的展示都很精彩，科教活動也都相當有趣，究其原因，是培養了一群會「說故事」的人，科學知識從此變成了許多個新奇有趣的故事。

有一回科博館和浙江省自然博物館（現已升格為浙江省自然博物院）洽談合作，我和家維兄就去了杭州，正事談罷，館方安排我們去西湖邊上的「茶葉博物館」參訪。記得當時是一位女館長接待，她看到來自台灣科博館的前館長和現任館長同時到訪，高興得不得了，就問我們想看些什麼。家維兄毫不客氣，說：「想看你們的蒐藏庫。」這一聽就是內行人。這位館長有些尷尬，說：「我們的蒐藏庫又舊又小，比不上你們科博館的大氣新穎，這樣吧，您二位想看些什麼，我請同仁拿出來。」家維兄毫不客氣，說：「想看你們最好的東西。」

於是我們就看到了琳瑯滿目的歷代茶葉茶磚，這已經相當令人感動，最後他們拿出來一個小小的玻璃皿，裡面有些黑色物體，像是香菸濾嘴撕開了裡面的東西，說是明代的瑞典沉船上撈起來的中國茶葉，國務院因為他們是茶葉博物館，特別撥了一點做為鎮館之寶。講到這裡，那位女館長有點靦腆地說：「說老實話，我們也真不知道它是不是茶葉。」家維兄此時豪氣干雲，說：「你要是信得過我，就撥一點給我帶回台灣，我在新竹清華大學有實驗室，可以幫你化驗一下。」那位館長大喜過望，找同仁拿個小盒子就撥了一點給家維兄，我在旁邊都看傻了，這不是國寶嗎？

一年之後，家維兄告訴我已經有答案了，剛好我們又要去杭州，就約了那位館長見面。在宴席上，家維兄告訴她：「經過化驗，這個物質裡有三種相當豐富的金屬離子。第一種是鈉……」大家聽了就笑了，這還用說，海水就是氯化鈉啊！他接著說：「第二種是鐵……」這也不稀奇，因為帆船上有不少鐵件，泡水生鏽進入沉船物件中很合理。接著家維兄說了：「第三種是鋁，這就確定了這個物質的確是茶葉！」大家深受震撼，茶葉裡含有大量的鋁？鋁不是失智的元兇嗎？我們還每天喝茶？家維兄說了，茶樹會將土壤中的鋁離子吸附到茶葉裡，所以鋁含量高，就說明了這的確是茶葉，但不要擔心，泡茶的沸水是不會將鋁離子溶出的，只要不要將茶葉嚼碎了吃下肚就好，因為人的胃酸pH值為二，是極強的酸，能將茶葉中的鋁離子溶出來！

這就是個我們親身經歷的有趣故事，包含了明代沉船的神祕、生活中常見的茶葉，以及科學解謎的過程，後來成為我對老師們常講的教學範例，在許多場合中，藉著「說故事」的趣味過程，就能輕鬆有效地傳遞科學知識。家維兄的故事更多，很高興看到《我的神鬼人生》這本書經過多年努力，終能出版！

這本書由家維兄口述，廖宏霖先生採訪創作，以二〇一七年十一月家維兄開車墜谷的三十二小時歷險過程貫穿全書，從深谷待救的人心出發，回看他自己大半生的奇特經歷。

家維兄開車墜谷的那天晚上，我們還在台中一起用餐，為一位剛獲頒榮譽博士的基金會董事慶賀，飯後我回科博館，家維兄坐高鐵回新竹，車上他遇到另一位清大同事蔡教授。後來蔡教授告訴我，那天晚上兩人回到清大，家維兄要是回西院宿舍休息就沒事，但他還是決定開車回山上的玻璃屋，第二天起就音訊全無，第三天連我在科博館都接到通知，希望大家協尋李家維教授，還好不久之後就傳回佳音。聽說當救援人員攀下深谷走向他時，家維兄還叫大家別靠近，先拍張照片，因為

《科學人》雜誌要用！

在這之前，家維兄也經歷過冠狀動脈栓塞、在加護病房撿回一命的過程，我就想，這人十二生肖是屬貓的？他毫不畏懼地去敲每一扇門，包含人生至大的生死之門，只是希望能瞭解萬事萬物背後的科學真相。這一點我和他十分相似，小時候我聽過一句話："Ask, and you will get it. Knock, and they will let you in."（問了，就會得到；敲了門，就進得去。）從此以後，我在人生道路上也不吝於敲門。

宏霖的寫作方法和全書的體例格式都很特別，讓人開卷展讀就停不下來，會不由自主地一路跟著家維兄，觀察和欣賞這位執矛騎士，如何去敲每一扇生死之門！

Enjoy it!

推薦文

家維與我的科學病

孫大川
東華大學原住民民族學院榮譽教授

說來慚愧，初中以後，我對自然科學從數學、物理、化學到生物，便視為畏途，有很深的嚮往，卻完全無法跟上。最初我怪罪自己成長在偏遠部落，沒有好老師的指引，但看周遭漢人同學，在同樣的環境下，不少人也能出類拔萃，學習有成，就覺得歸罪於師長實在站不住腳。後來，乾脆就以缺乏文化刺激，或一知半解對左腦、右腦和所謂智商的「科學」想像，合理化自己大半生學習挫敗的藉口，我在自然科學領域的田野，徹底荒蕪了。

矛盾的是，從懂事以來我就獨鍾於哲學追索，大學聯考那年，依我當時數理成績的表現，當然不會有任何一位老師鼓勵我考理工科系。不過，不少人卻認為我應該可以選擇法政商類的社會科學，未來還可以為原住民族人的權益爭取做出貢獻。

可是想到這些科系一樣會碰到數學，也不合自己的志趣，就打了退堂鼓。人文科系呢？哲學系應該是首選吧？深入了解，哲學的推理需要嚴密的邏輯訓練，尤其我們那個年代，台灣哲學界瀰漫著「邏輯實證論」的狂熱，我最後只好以「中國文學系」做為第一志願應考了。

台大中文系四年，除了必修課，我大都選擇「子」部的哲學課程。漸漸發現，人的推理能力可以有許多培育的途徑，數理的高牆被我們自己誇大了。研究所我就直接轉念哲學，碩士論文寫的是關於魏晉玄學的「言意之辨」，從語言哲學漸及哲學人類學，最後著迷於對人類心智構造的探索。一路下來，哲學引領我重新回到自己原初逃避、荒蕪已久的數理和自然科學的道路上。這個轉折，李家維兄當然不會知道，他是最重要的推手。

李家維的名字，在他擔任自然科學博物館館長時就耳熟能詳了。他與我同年，應該也有幾度的交會，但並無私交。二〇〇二年三月王榮文兄創辦《科學人》雜誌，「科普」的目標正好可以滿足我半百折返的心境，我成了《科學人》長期的讀者，而家維兄正是《科學人》的總編輯。後來，因為榮文兄的引介，和家維兄有了更多的互動，到他的玻璃屋看他驚人的收藏，也因此認識了曾志朗、江安世、蔡能賢等科技人，並和斷線多年的黃一農聯繫上。

以家維兄為中心的朋友圈有一種非常迷人的氛圍，而我相信這和家維兄與眾不同的人格特質有關。「詭異」的笑容，輕鬆、幽默的說理方式，這個圈子裡由於他的存在，科學不再是令人畏懼的聖殿，卻像是彼得潘幻遊的邀請，是可以一起做夢的地方。想做夢，是因為看到人間的不理想。我發現家維兄和一般充滿自信的科學人有一個很大的不同點，他的科學信仰總伴隨著某種「末世」的成分。我永遠忘不了，有一回我們在馬祖美麗的海岸沙灘邊漫步，他落寞地說：「這個時節，沙灘上應該有蟹甲、貝殼類的物種活躍著啊，牠們都到哪裡去了呢？」我恍然明白，他對古生物、對保種工作的執著與實踐的動力來源，那是一顆屬於哲學的人文心靈。

原來，自然科學與人文科學並不是壁壘分明的平行線，「生命」本身就是它們的交會點。家維兄帶領我回到原點，解除了我大半生學習的障礙，向生命和宇宙的奧祕敞開，邁步前行！

推薦文

翻新傳記文學的篇章

須文蔚
台灣師範大學文學院院長

宏霖寄來《我的神鬼人生》書稿，我一面閱讀，一面感受到這是一本具有「前衛」性格的自傳文學作品：作家走進傳主的意識世界，從李家維一場車禍瀕臨死亡的意識中，隨著「意識流」（Stream of consciousness）而穿梭時空，編織出一位卓越生物學家傳奇的一生。

早在二〇一三年，我和宏霖合作《台灣的臉孔：11位帶來愛、希望與勇氣的天使》一書時，就一起討論與嘗試在人物特寫中，本於採訪、田調與資料蒐集的成果，去除過度強調客觀與冷峻的文字，導入小說筆法，強化故事中角色的塑造、場面的描述，乃至於對話的經營，試圖打造可讀性更高、情意更動人的「真實故事」。宏霖當時就開始以相當現代主義的手法，書寫吳若石神父、羅慧夫醫師與藝術家羅斌。《我的神鬼人生》的挑戰顯然高過宏霖過去的創作，以一本書的長度，要寫盡李家維成長、求學、家庭、研究、行政與生態保育的重重成就，絕非易事。

《紐約客》雜誌資深撰稿人葛拉威爾（Malcolm Gladwell）是人物特寫的專家，他坦承沒有一本傳記可以涵蓋傳主的每個面向：「我們能寫的只是一個切片，我們並不能囊括一個人的所有要素，但是我相信我們可以得到一個人性格的一些片段，這已經足夠了。」要寫作一位成就非凡的科學家傳記，往往會因為過度偏向成就面介紹，所有的資訊累積後，只看見高大與正向的面貌，而宏霖選擇從車禍的困境開篇，起手式就不同凡響，讓作者能從跳躍的時序詮釋傳主的心靈世界，自然也不斷營造出懸疑與緊張的氣氛，成就了一本精彩的科學家傳記。

宏霖在創作上有著多重興趣，現代詩、戲劇與小說都交出過優質的創作，《我的神鬼人生》的書寫也就能突破華文現當代傳記文學的限制。過去的傳記或側重「歷史」，注重資料考證與引用，過於拘泥於史料，缺乏靈動的文筆、精彩的敘事；或側重「傳統史傳」，往往模仿司馬遷的列傳筆法，還原人物的生命歷程，結合敘議，力求評論公正。宏霖顯然希望更貼近西方紀實文學書寫（nonfiction writing）的趨勢，以小說筆法，在合於採訪資料與歷史真實的基礎上，著力以文學筆法突出傳主的人格、個性與心靈，並深入傳主的所思所想，表現出鮮明的「文學性」。

這也呼應了普立茲獎得主湯瑪斯．艾力克斯．泰森（Tomas Alex Tizon）所倡導「人物特寫像一首史詩」，基於理解傳主的心理結構，描述出主人翁背負著家國與生態保育的理想，出入他的勇敢與挫折，並以大量自然科學的新知，詮釋生活上的種種疑惑，令人讀來趣味無窮。

《我的神鬼人生》有著李家維曲折與豐富的故事，宏霖生動的意識流筆法，讓科學家「神與物遊」，讓這本翻新傳記文學篇章的奇書，達到蘇軾所說的「其神與萬物交，其智與百工通」的境界，讀來過癮，令人拍案叫絕。

推薦文

深夜山谷遇見蘇格拉底

黃貞祥
清華大學生命科學系副教授

二〇一七年十一月某個寒冷的早晨，我起床後滑手機，看到學生時代的老師、現在的同事曾晴賢老師前一晚半夜在臉書上留下的訊息，螢幕上彷彿能看見他用著急的語氣告訴大家：有位住在山上的科學大師已失蹤超過一天了，請大家趕快幫忙尋找……。我喝到一半的水噴了出來，馬上撥電話給當時的生命科學院副院長楊嘉鈴老師，她接到電話時急促地說：人已經找到了，正要送往醫院救治。然後因為訊號不佳，無法順利繼續通話……

後來，我再見到李家維老師，已是好幾天之後了，他剛從加護病房轉到普通病房。我和幾位同事，以及遠流的王榮文董事長一起探望他。當時，他輕描淡寫地交待了傷痛之處，就說了他在車禍墜崖後等待救援時，躺在山谷溪流旁到進了醫院的每一個決策，是用什麼樣的科學態度和理解來面對與處理。我們簡直就不是聽了一個離奇的車禍意外，而是上了充滿科學精神的一課。

這個意外事件，各大媒體都有不同程度的報導，而在這本書中，有更加精彩絕倫的描述，一部分就是他在病房時對我們說的，此書應該就是最完整無缺的內容！絕處逢生即使再罕見，在人類的探險史中也多如牛毛，可是像這本書的寫作手法，就算不是絕無僅有，也是鳳毛麟角。

在此，我想補充一件小軼事。不少媒體報導了活寶食品公司後來送了李家維老師一箱紅鷹牌海底雞罐頭的新聞。那箱罐頭放在他的辦公室門外，照片是我拍的，原本只有上傳臉書後鎖朋友，但碰巧有朋友分享到他的臉書，剛好被媒體記者發現。我上傳照片後就去上課了，口沫橫飛講了三小時後，才發現手機裡有應接不暇的訊息，各大媒體都要求授權刊登該照片，但上課時開了「勿擾」所以沒及時收到。正不知如何回覆時，新聞已刊登了，只是把我的名字打了馬賽克處理。

隔天，我就接到李家維老師的電話，問我情況，以及大家對那則新聞的看法等等。我原以為他對隱私被冒犯而介意，就拚命跟他道歉，畢竟我未經他同意就拍了他的東西並上傳社交媒體。他卻解釋道，他只是好奇，像這樣的新聞，大眾是如何理解的，並且可能對大家產生什麼樣正面的感受嗎？甚至他覺得，如果有人心情不好，看了這樣的新聞就好一些，他也覺得很好。

從認識李家維老師開始，他就是一位對世界感到無比好奇的學者。在學生時代，他對我們這些小屁孩的世界也充滿好奇，經常走進實驗室的休息室和我們聊天，除了我們的研究和生活，他也會詢問我們對各大社會事件和政治議題的看法，在我們回答時專注地傾聽，並且常常是打破砂鍋問到底的，不時會問出我們壓根兒連想都不曾想過的問題。讓我不禁懷疑他是不是蘇格拉底轉世，這應該是他能夠源源不絕地有好故事跟大家分享的原因之一吧。

在李家維老師的實驗室當學生時，以及近年在研究和教學上的合作，還有募款創立了「未來地球生態學程」，他常常嚴肅地對我們耳提面命，所有研究和教學的經費，都是納稅人和善心企業家提供的寶貴資源，我們所使用的每一筆花費，都要想到這點，並且用在刀口上，一旦有更價廉物美的替代方案，就要捨棄高價的。一旦他知道我們不小心造成不必要的浪費，那怕只是幾百塊，他都毫不客氣和留情地訓斥。

我回母校任教後，他也不忘三不五時地提醒，實驗室裡所有儀器設備，也都是國家的財產，我們只是保管者。對於其他實驗室學生的使用，他的原則都是審慎地考慮，並且對合理要求提供無私的協助。其實，他不是位摳門的老師，只要我們的要求是合理的，他也盡力為我們爭取更多資源。回到清大任教後，李家維老師給了我很多幫忙和支持，和我分享了許多實驗室的寶貴資源，也視我為同儕給予很大的尊重。

回想起大學一年級上學期，必修課「生命科學導論」（即「普通生物學一」）的第一堂課，課程教授從地球上第一個生命的誕生，一路侃侃而談到智人的出現，在那個沒有彩色投影片簡報的年代，用一台幻燈機，帶我們在三個小時內，像是看了一場不下於高科技動畫紀錄片般的精彩演出，度過三十幾億年的生命演化歷史，那是許許多多清華生科人記憶猶新的共同回憶吧？而這本書，讓當時第一堂課的一切，又都活靈活現地歷歷在目。

過了大一的寒假，全世界有了個重大的科學新聞，登上各大主流媒體的頭版，就是台灣、中國、美國的科學家，不約而同地發現了最古老的動物化石，把動物的起源，推到了前寒武紀！下學期必修課「基礎生命科學」（即「普通生物學二」）的第一堂課，仍是由李家維老師授課，讓我們能聽到第一手的科學內容，以及整個發現歷程背後當時仍鮮為人知的故事！更感人的是，這個發現背後充滿感染力十足的熱情洋溢！

這些知識上的震撼，讓我對動物演化產生濃厚的興趣。於是，在大一下學期期末時，我問李家維老師能否到他實驗室做專題研究，一待就是五年，直到碩士班畢業。其實，我的碩士論文已和動物演化不太相關，因為發現到真的只有博物學家才能在顯微鏡底下的那些化石中，一覽無遺地看出一絲端倪，而我只能望著堆滿架上的化石興嘆，就換了題目，研究蜜蜂的磁場感應和礦化。當時實驗室同仁研究的主題，還包括矽藻、笠貝齒舌和化石礦化等等，都是出自老師的好奇心驅使的。雖然當時沒有進行演化的研究，但幾乎每天都很常聽到他和來當訪問學者的陳均遠教授一同討論科學，那真是個天天得能親近科學大師的美好年代。

碩士畢業後，我當了研究助理，念了博士班，進行的是果蠅演化遺傳學的研究，博士後在中央研究院李文雄院士的實驗室，又換了個方向，研究鳥羽的發育及演化。巧合的是，這個鳥羽研究，其實早在我碩一的時候，就種下了種子。那是二〇〇二年的某天，李家維老師在實驗室一見到我，就問我有沒有看到《自然》（*Nature*）刊登了一篇極為創新的論文，由一位旅美的台灣醫師科學家發表，是關於羽毛發育及演化的，肯定是演化發育生物學的里程碑！他請我用彩色印表機幫他印出一份，一拿到論文就興奮地、津津有味地細讀，我自己也印了一份好好拜讀。萬萬沒想到，那篇論文的通訊作者鍾正明院士，就是我博士後和現在最重要的合作者。

在實驗室那短短五年，經歷了海口蟲的發表、李家維老師回任科博館館長、玻璃屋從無到有地興建，還有神像收藏的起頭等等，在這本書中也都有詳盡的描述，穿插了他在那場車禍墜谷時、在安危未定中，對人生和科學的思想遨遊，世界何其廣闊啊！

推薦文

「花花公子」的世界

王偉忠
電視製作人
節目主持人

傳說面對死亡時，腦海會出現人生跑馬燈，將生命中重要時刻一一重新演繹；真沒想到在撰稿人廖宏霖的筆下，李家維教授墜落山谷受困三十二小時，在生死邊緣也出現了個跑馬燈，裡面有刻墓碑的同學、烏鴉眼珠、神像、量子糾纏、加了桃樹根的鱔魚湯，當然還有化石、矽藻、放射蟲等許多美麗生物與精彩記憶，書中描述一如電子顯微鏡般精準，將記憶與科學冶為一爐，讓觀眾窺見「科學人」的「科學腦」中繽紛多彩、奪目瑰麗的世界。

我曾在中廣透過視訊專訪李教授，聽他妙趣橫生地描述科學世界，看了此書才知道他是如何靠著直接敲門，打開一扇扇陌生的門，拍紀錄片、做研究、辦展覽、跟世界交朋友。科學讓他永遠用好奇的眼光看世界，甚至在墜落谷底、血流滿面的當下，還能想著「這裡真是一座真正的自然科學博物館」，他研究過蜜蜂透過體內的磁鐵顆粒來感應地球磁場，搞不好，頭頂飛過的藍鵲也可以透過某種溝通方式，幫他求救！

其中有段關於父親的記憶，精簡卻難忘。李教授回顧自己小時候就是爸爸口中的「花花公子」，喜歡種花養小動物，爸爸了解他，卻也對他研究植物的前途擔憂。但他卻是在爸爸過世之後，透過爸爸留下的大量日記才開始認識父親，才知道父親會在冬天強烈東北季風攻擊下，「自己端了把椅子，坐在荒涼的院子中間」，在澎湖老家靜靜地讀凱因斯的經濟學理論，讀完後還寫下長長的評論。老天啊！要比寂寞，真沒人能比得過這位老先生！

《我的神鬼人生》是一本超乎想像的類自傳，但我更期待李教授接下來能將滿腦子奇思妙想與科學知識寫成科幻小說，保證精彩！

短語推薦

家維是一位國際知名的生態、保種科學家，也是一位有洞見、關懷台灣和世界多面向的傑出學者。

翁啟惠
中央研究院院士
美國國家科學院院士

李家維就是二十一世紀的洪堡德（Alexander von Humboldt），一位被達爾文譽為「十九世紀最偉大的博物學家」。在強調跨領域學習的當代，李家維如何以博物學家的視角來仰觀宇宙之大、俯察品類之盛，非常值得大家參考。

焦傳金
國立自然科學博物館館長
清華大學生命科學系特聘教授

我這輩子獲得最重要的知識，
就是瞭解地球上生命興衰的節奏。

——李家維

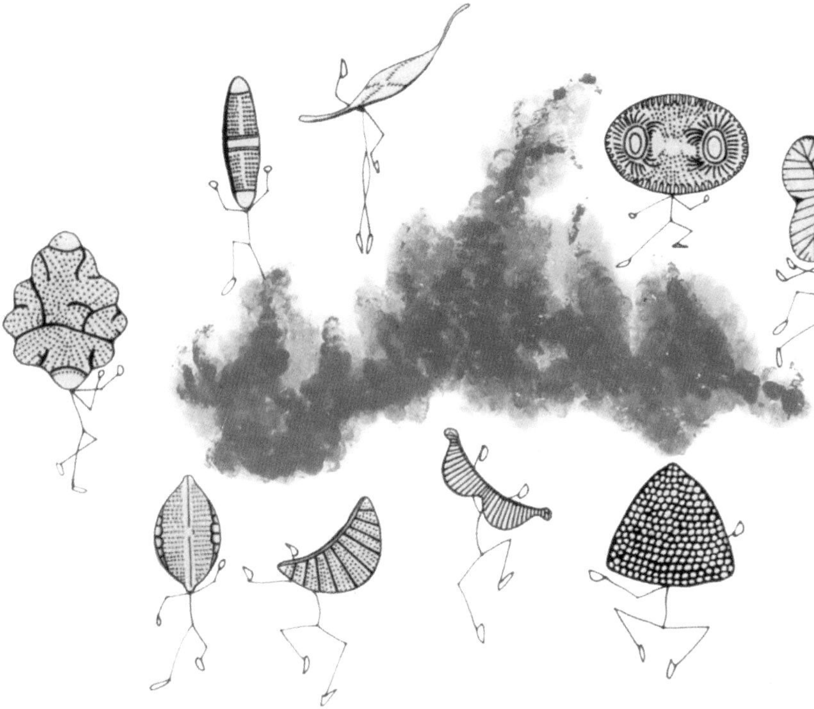

這些故事帶給了我某些溫暖，手繪過的矽藻，圍繞著我在跳舞。好像我就是那盆營火，萬物靠攏，包圍我，給我力量。

「矽藻營火晚會」，李家維繪。

生命中的相遇

如果說蜜蜂可以精準地飛到該去的地方，
那麼人生中的各種相遇，
是否也依循著生物之間無可名之的引力法則呢？

父母曾與大哥（中）同遊澎湖老家。

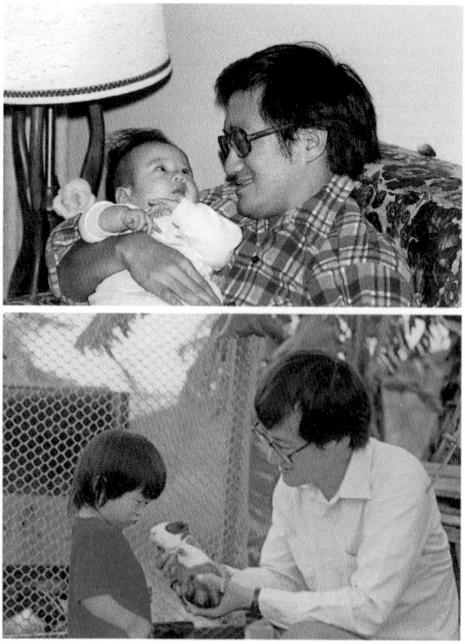
我喜歡看著孩子稚嫩的臉龐。

1977 年我與胡蝶蘭女士於台大校園。

上：1987 年在國際矽藻學會議上和小林弘不期而遇。下：1993 年漢寶德時任科博館館長，我當副館長。

1985 年我離開聖地牙哥到洛杉磯，沃卡尼來車站送我。

1999 年我和陳均遠在雲南海口耳材村的海口蟲發掘現場。

1

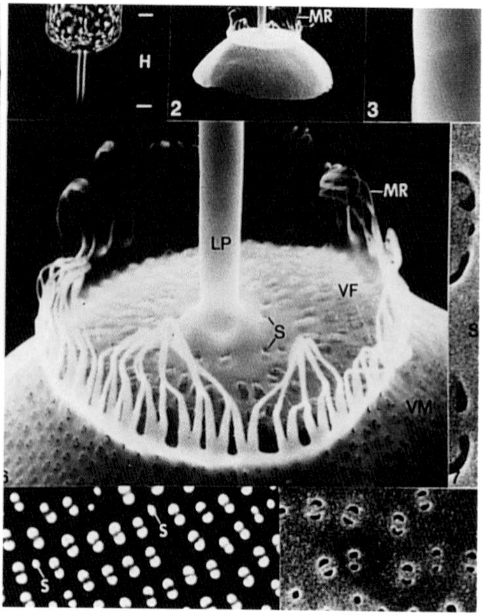

2

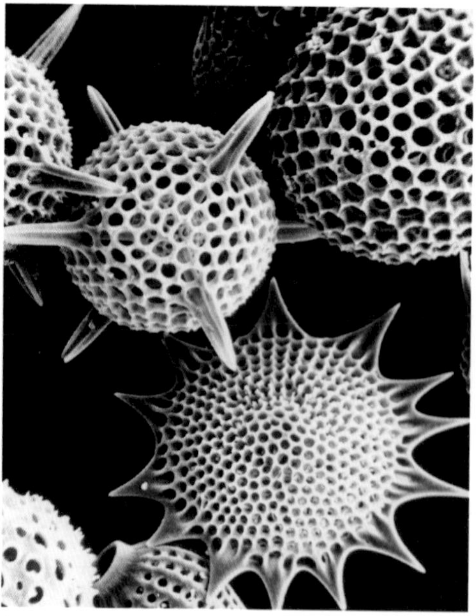

3

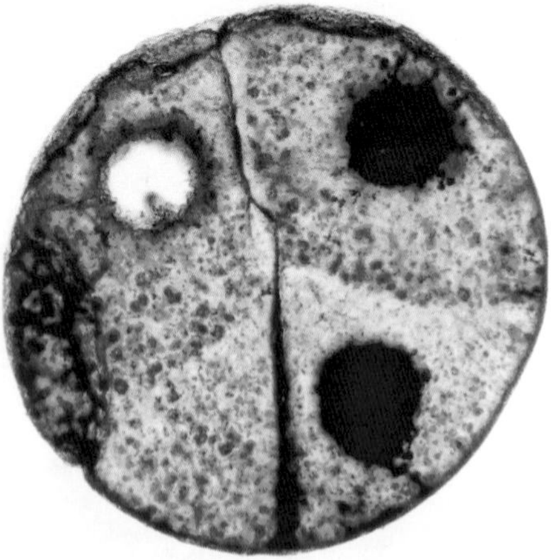

4

1：一億年前緬甸琥珀中保存的恐龍羽毛。2：電子顯微鏡下的矽藻殼形態。3：單細胞放射蟲的矽質骨架。4：貴州甕安所發現六億年前分裂過二次的動物胚胎化石切片。

多樣性與微觀世界

因為有差異，才讓個體生命
在看似普遍的統一性中，
有了多元且獨特的可能性。
我希望看見那些別人看不見的東西，
最美的事物蘊含其中。

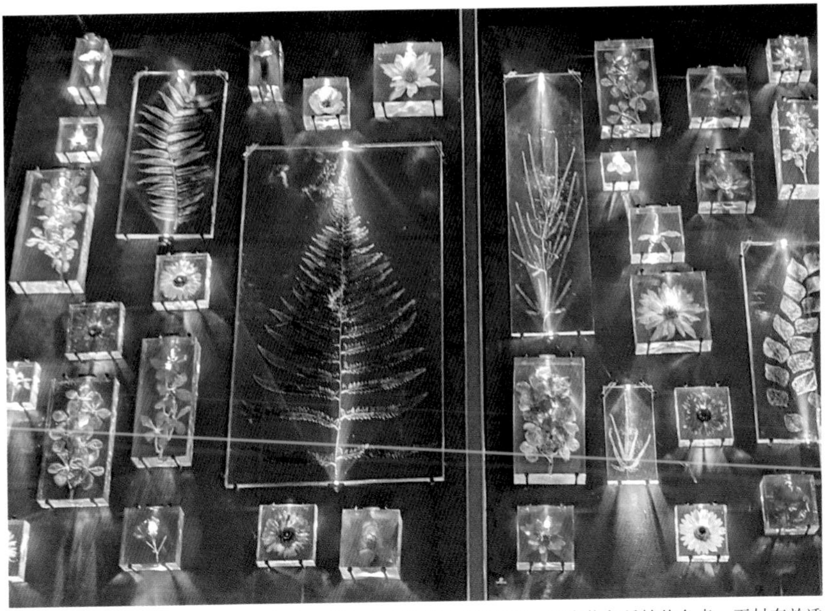

我學生林子揚做的植物原色包埋標本。利用含有機酸的醇類溶液，穩定住各種植物色素，再封存於透明環氧樹脂中，讓花朵、蕨葉保持栩栩如生的嬌容。「保色標本」的技法，讓植物保存從「臘葉標本」、「浸液標本」，再有了突破性的發展。

植物的諾亞方舟

地球上的生物物種
平均存活一百萬年才消逝，
現在卻以千百倍的速度邁向滅絕，
拯救物種是救急的工作。

辜嚴倬雲植物保種中心。最珍貴的除了植物以外，還有對生態環境懷抱熱情的植物蒐集與養護夥伴。

保種中心搶救熱帶雨林行動之索羅門群島植物引種計畫，許多珍稀植物長在很高的樹上。

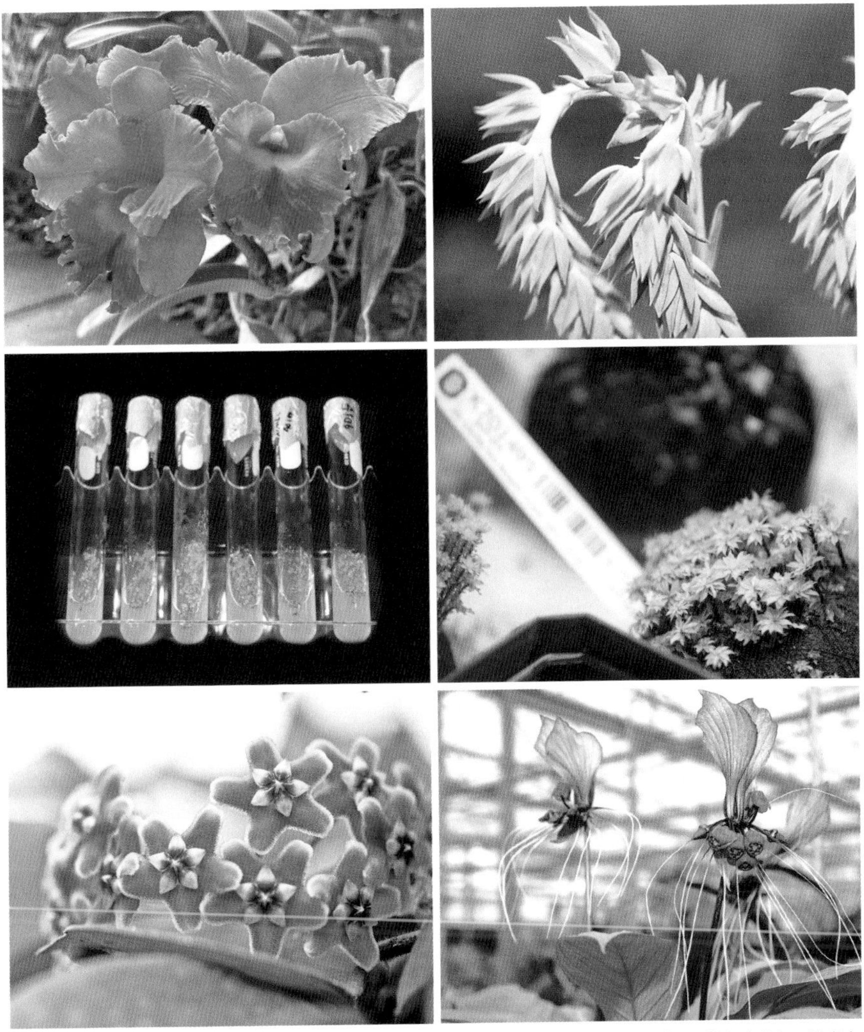

截至 2023 年 11 月 1 日為止，台灣屏東的辜嚴倬雲植物保種中心已成功養護了三萬四千四百五十一種來自世界各地的活體植物，已是全球最重要的熱帶和亞熱帶植物庇護所。

山林間的玻璃屋

屋子三面是透明落地玻璃，
融入這座美麗的低海拔森林，
室內外的光影互相映照，
內外之間的界線不再，
彷彿收藏著萬物。

恐龍化石就擺在起居室桌上。

孤獨的人，群聚的神

每一座神佛都有一個來處，
也有一則屬於我和祂之間的故事。
有時不禁思忖，
落難的究竟是神，抑或是人？

這批獅子標本是由台灣世界級的標本師黃雯杰所製作。

我所熱愛的博物

如果真要說我的收藏有什麼特色？
絕不是關於其珍稀或價格，
我所熱愛的是物件背後
的人、故事與時代，
以及蘊藏其中無限的想像空間。

上：佛像之上，懸掛著的是七千萬年前遨遊在地球海洋的蛇頸龍。
下：牙齒化石、鸚鵡螺切片、直角石與菊石化石，包圍著一億兩千萬年前的蕨類化石。

我的神鬼人生：在深夜的山谷裡，遇見一位博物學家
／李家維、廖宏霖著 .-- 初版 .-- 臺北市：遠流 ,2023.12
面： 公分 (綠蠹魚叢書：YLNB83)
ISBN 978-626-361-394-2 (平裝)
1.CST：李家維 2.CST：科學家 3.CST：傳記
783.3886 112018945

綠蠹魚叢書 YLNB83

我的神鬼人生

在深夜的山谷裡，遇見一位博物學家

作者／李家維、廖宏霖
圖片提供／李家維、辜嚴倬雲植物保種中心

副總編輯／鄭祥琳
校對／李家維、廖宏霖
美術設計／林秦華
內頁排版／連紫吟
行銷企劃／舒意雯
出版一部總編輯暨總監／王明雪

發行人／王榮文
出版發行／遠流出版事業股份有限公司
地址／臺北市中山北路一段 11 號 13 樓
電話／（02）25710297 傳真／（02）25710197
郵撥／ 0189456-1

著作權顧問／蕭雄淋律師
2023 年 12 月 1 日 初版一刷
定價／新臺幣 420 元（缺頁或破損的書，請寄回更換）

ISBN 978-626-361-394-2

YLib 遠流博識網 http://www.ylib.com
E-mail: ylib@ylib.com
遠流粉絲團 https://www.facebook.com/ylibfans